U0571357

金融服务业的云计算

☆

CLOUD COMPUTING IN FINANCIAL SERVICES

■ ■ ■ ■ ■ ■ ■ ■

[意] 伯纳多·尼克莱蒂◎著

(Bernardo Nicoletti)

陈 冰◎译

经济管理出版社

ECONOMY & MANAGEMENT PUBLISHING HOUSE

北京市版权局著作权合同登记：图字：01-2019-0715 号

Cloud Computing in Financial Services by Bernardo Nicoletti

© First published in English by Palgrave Macmillan，a division of Macmillan Publishers Limited under the title Cloud Computing in Financial Services by Bernardo Nicoletti. This edition has been translated and published under licence from Palgrave Macmillan.

The author has asserted his right to be identified as the author of this Work.

Simplified Chinese Translation © 2019 by Economy & Management Publishing House arranged with Palgrave Macmillan.

All rights reserved.

图书在版编目（CIP）数据

金融服务业的云计算/（意）伯纳多·尼克莱蒂（Bernardo Nicoletti）著；陈冰译. —北京：经济管理出版社，2018.12
ISBN 978-7-5096-5937-3

Ⅰ.①金…　Ⅱ.①伯…②陈…　Ⅲ.①云计算—应用—金融—商业服务　Ⅳ.①F830-39

中国版本图书馆 CIP 数据核字（2018）第 184908 号

组稿编辑：申桂萍
责任编辑：刘　宏
责任印制：黄章平
责任校对：陈　颖

出版发行：经济管理出版社
　　　　　（北京市海淀区北蜂窝 8 号中雅大厦 11 层　　100038）
网　　　址：www. E-mp. com. cn
电　　　话：（010）51915602
印　　　刷：三河市延风印装有限公司
经　　　销：新华书店
开　　　本：720mm×1000mm/16
印　　　张：13.5
字　　　数：212 千字
版　　　次：2019 年 6 月第 1 版　　2019 年 6 月第 1 次印刷
书　　　号：ISBN 978-7-5096-5937-3
定　　　价：58.00 元

·版权所有　翻印必究·
凡购本社图书，如有印装错误，由本社读者服务部负责调换。
联系地址：北京阜外月坛北小街 2 号
电话：（010）68022974　　邮编：100836

序

　　金融机构需要进行重大决策以便为客户提供价值。技术将在重新审视银行业模式和银行经营方式中起重要作用。当前，信息常常由供应商掌握，且很少能以系统方式提供，《金融服务业的云计算》对该领域的研究具有重要贡献。正如本书作者所知道的，我对云的看法是具有挑战性的。我提出的基本问题是：我们是在讨论云，还是雾？

　　据 IT 公司高德纳（Gartner）预测，在不久的将来，云计算是与信息通信技术（ICT）最为相关的一个方面。这是毋庸置疑的，但只有在我们从更广泛的而不是仅技术层面考虑云计算时才会是这样。正如我们所了解的，近几十年来许多机构已经全部或部分外包了 ICT。云计算以传统和新技术为依据。它必然要求技术作为基础——但它所关注的并不仅仅是技术。于我而言，真正的云是服务云。

　　如果你也这样认为，那么云计算当然有助于提升效率。它还可以做得更多。如果只限于效率，那么云计算的应用则相当有限。以我所在的意大利联合圣保罗银行集团为例，它的数据中心为大约 30 家法人实体提供服务。面对巨大的交易额，我们提升了效率，这归功于集团所采取的一系列措施，包括服务器整合、虚拟化，以及服务目录创建。

　　除了效率，云计算还能以更具吸引力的方式为金融服务提供支持。由于银行本质上就是一个网络，因此它具备综合服务的能力。有趣之处在于银行对基础设施（无论是国内的还是国际的）的潜在整合与服务的供给。

　　当然，支持云计算的技术还在不断发展，至少要考虑到两个因素：数据保护与安全。众所周知，后者尤其重要。私有云在这方面提供了安全。我们可以预期，未来垂直应用的扇形云将引起人们的关注。

　　云也可用来支持组织变革。在意大利联合圣保罗银行集团，我们创建了两个新的部门——第一个专门负责运营，第二个专门负责创新。前者应创造出可以在后者被再投资的经济，为更多的客户服务部门、支付系统和客户信贷等领域的创新产品以及整合中小型企业和公司银行业务创建出新的业务模式。这个部门的主要任务就是与供应商、合作伙伴、大学以及其他机构合作创建网络，该网络将具备旨在创造和实践知识的能力。

　　在所有这些活动中，银行与国内其他分支机构以及位于欧洲的系统和组织相连。此外，在不确定的时期内，重要的是要保持尽可能灵活。云计算潜在地代表了灵活性和可变成本。本书对这些方面都进行了讨论和例证。

皮埃尔·路易吉·库尔库鲁托（**Pier Liugi Curcuruto**）

意大利联合圣保罗银行集团总裁

致　谢

　　本书经历了漫长的写作过程，总结了我个人的工作经验以及长期以来的阅读和思考。与所有项目一样，本书之所以能完成离不开许多人的帮助。特别要感谢的是斯蒂芬·兰齐（Steven Lanzi），他与我就这个主题合作完成了一篇论文，帮助我将经验和思考系统化。本书的某些章节就来源于这篇论文。感谢罗马大学的古斯塔沃·皮加（Gustavo Piga）教授和科拉多·切瑞蒂（Corrado Cerruti）教授，以及我作为教授和企业顾问期间共事过或访谈过的所有人。他们用自己的学识和经验为这个项目的推进做出了贡献。特别感谢皮埃尔·路易吉·库尔库鲁托（Pier Luigi Cururoto），他为本书作序。

　　最后，我要感谢我的家人，在我为归纳总结个人经验而长时间伏案写作以及日常工作期间，他们忍受了我的缺席。本书的写作初衷是鼓励云计算在金融服务行业的应用，使尽可能多的组织可以从中受益。

前　言

全球深陷金融危机，而我们仍不知这场始于 2008 年的危机将何时结束。金融机构一方面需要显著提高其资产的财务比率，而另一方面它们必须果断行动来提升其市场地位。金融机构必须更善于应对市场动态以及不断变化的社会经济因素，这意味着它们必须在提高收益并同时减少投入和成本。

要想在这个方向取得进展，只有一种方法——变得更加敏捷。这意味着要更精简，使用更多的数字化手段。如果使用得当，方法和技术是金融机构实现这一目标的有力辅助手段。

对于创新和提升，信息和通信技术（ICT）起到了重要的战略杠杆作用，这方面例子有"虚拟银行业"和"虚拟保险业"的组织模式。在该模式中，技术在组织中占主导地位，能够为产品、服务以及联系市场方式的创新提供支持。

金融风暴给 ICT 带来了直接且广泛的影响。其结果是投资普遍减少，特别是 ICT 必须支持的重点和需求发生了明显改变。

商业要想恢复其盈利能力，需要由 ICT 来支持其变革、精简流程。然而，ICT 部门日益受到两类相互矛盾的需求所带来的压力：削减成本、提升主动性以及对业务需求做出快速反应。

云计算是应对这些挑战的有趣方式之一，人们对它越来越关注。很多事件都涉及这个主题，并且许多供应商宣布支持云计算用于商业和政府部门。为了找到提升自身使命的新方案，这几方也越来越多地使用这种新范式。

关于云计算，当前最为广泛接受的理论定义是由美国标准机构国家标准与技

术研究院（NIST）提出的:[1]

> 云计算是这样一种模式，它提供普遍存在的、便捷的、按需的网络访问，进入可配置的计算资源共享池（如网络、服务器、存储、应用软件、服务），这些资源能够被快速提供，只需投入很少的管理工作，或与服务供应商进行很少的交互。[2]

该定义强调这样一个事实，云计算不仅是一种技术，还是支持组织转型的一种模式。在这一点上，人们应探讨云服务或云模式。本书正是持这种观点，分析了云服务对于金融机构的意义及应用。开篇分析金融机构的发展，接下来深入探讨云计算的模式及其地位。本书最重要的贡献是分析了云服务模式未来的发展，以及如何使用云服务模式来促进金融机构在国内和国际市场的创新。

云服务可以改变金融机构的范式。"银行"一词出自意大利语"banco"，原指14世纪意大利机构用于贷款和收集存款的桌子。我们认为全新的银行、全新的桌子就是云，21世纪的金融机构将必须通过使用云计算模式来实现向新范式的必然转变。在接下来的篇章里，我们将具体描述云计算在引入新产品/服务以及金融机构系统再造流程中的作用。

本书旨在增进读者对金融机构采用云计算模式所能得到的具体收益的理解，以及对潜在风险的补救措施和与供应商关系的认识。

本书提供证据来支持下述观点：

● 为了增加收入、削减投资和成本，金融机构在经营业务时必须变得更加敏捷和灵活。采用新的范式、ICT 基础设施，以及基于云计算的模式，能促成具体目标的实现：节省投资、成本效率与控制，同时提升创新速度和业务敏捷性。

本书从金融机构的未来蓝图讨论到可行战略。我们让从业者来完成下面的环节：选择在具体机构推进的方式，制订计划去实现。"精益和数字化"[3]方法在这个方向是有帮助的。

---

[1] NIST（2011）Final Version of Cloud Computing Definition, Published October 25, http: //www.nist.gov/itl/csd/cloud-102511.cfm, Retrieved August 12, 2012.

[2] Mell, P. and Grance, T.（2011）"The NIST definition of cloud computing（Draft）. Recommendations of the National Institute of Standards and Technology", NIST Special Publication 800-145, January.

[3] Nicoletti, B.（2010）La methodologia del Lean and Digitize, FrancoAngeli, Milano, Italy.

一手数据和二手数据被用来支持本书的观点。

定量和定性研究方法被用来收集必要的数据和信息，以实现本书的整体目标。研究方法的选择基于研究目的。

一手数据的收集使用了不同的数据收集工具：

● 电子问卷：在罗马托威尔加塔大学（University of Rome Tor Vergata）采购硕士点的赞助下，与珠峰（Everest）研究公司一起进行了定量研究。问卷以电子邮件的形式投寄给金融机构的公司办公室，主要是 ICT 部门。与此同时，为了便于回收问卷，我们以电话和邮件的形式直接联系了公司。

● 金融机构的文档：一些金融机构提供了与云服务经历相关的文件。

● 电话采访与个人谈话。

二手数据通过以下两种途径收集：

● 文献回顾，从而建立研究的理论框架。由于云计算的现有相关文献不多，网络成为主要来源。

● 在与此相关的大事件、大会，以及与其他专家和从业者召开的会议上收集的笔记和材料。

本书的篇章内容安排如下：

● 第一章，提出金融机构当前的转型和挑战以及 ICT 所提供的支持。

● 第二章，界定云计算模型及其特征。

● 第三章，讨论当前金融机构如何利用云计算。

● 第四章，深入探讨治理云计算使用和供应商的方式。

● 第五章，揭示云计算如何推动金融机构服务和流程的颠覆性创新。[①]

● 第六章，介绍意大利联合圣保罗银行集团向私有云迁移的案例。

本书还包括：

● 缩略语列表。

● 参考文献。

---

① 维基百科将"颠覆性创新"定义为：有助于创建新的市场和价值网络，最终会颠覆现有的市场和价值网络（经过几年或几十年时间），替代更早的技术。该术语在商业技术文献中用于描述以市场未预料的方式改善产品或服务的创新，通常最初是为新市场上不同的客户群设计的，后用于降低现有市场的价格。

● 网站列表，标注了与云计算相关的网站和博客。

我们建议读者按照本书的篇章顺序进行阅读。不过，还有另一种选择，就是首先阅读第二章对模型有整体了解后，再结合自身兴趣阅读相关篇章。

目　录

第一章　金融机构与信息通信技术

本章回顾了近几十年来金融机构发生的根本性变革，并指出在规则、监管和组织机构上的变化。本章最后讨论了信息通信技术支持这种变革的方式。

一、金融机构

（一）金融机构的分类

所谓金融机构，指的是充当储户与资金借方之间渠道的私人或公众机构。此类机构的主要业务是金融交易，例如，投资、贷款、存款以及保险。金融机构包括银行、信托公司、保险公司和投资经纪商。从存储货币，到发放贷款、兑换货币，这些业务通常都是通过金融机构完成的。在现代金融服务体系下，金融就是"资金管理的科学"。因此，金融机构的主要角色是充当金融中介。金融机构从拥有盈余的出资人处收集资金，并使资金流向那些缺乏足够手段来实现经济或私人活动的资金使用者。[1]

金融机构主要分为以下三类：[2]

● 吸收存款的机构，接受并管理存款和信贷。此类机构包括银行、建房互助协会、信用社、信托公司、抵押公司和信贷公司。

● 保险公司和养老基金，通过保险政策来为个人和公司提供应对突发事件的保护。此类机构分为人寿和年金保险、财产保险两种。

● 经济人、销售员、担保人和投资基金。

历史原因、市场需求，以及金融机构不断致力于提供其认为有需求、有市场的金融服务，导致了这种多样性。

最为普遍的金融机构是银行。该术语包括了广泛的机构和服务，其中某些或许已经偏离了最初设立时的概念和目的。[3] 金融机构经营的业务可以简单分类如下：[4]

● 零售银行业务：直接面向个人和中小型企业（SME）。该类别包括的银行有：零售银行、社区银行、社区发展银行、信用合作社、邮政储蓄银行、储蓄所、道德银行、直接或纯网上银行。典型产品包括活期储蓄存款、信用卡和消费贷。

● 商业银行业务：为大型国内、跨国客户提供服务。它们提供支付和现金管理、贸易服务，以及流动资金管理。其中，企业银行业务稍有所不同，主要针对的是极大规模的商业实体。

● 投资银行业务：通过资本市场，为公司、其他金融机构、公共和地方行政提供资金，以及贸易和投资服务。

● 私人银行业务：主要客户为高净值的个人和家庭，为他们提供财富管理支持。主要产品有投资组合管理、投资服务，以及财务规划和建议。

● 伊斯兰银行业务：与其他业务不同，伊斯兰银行业务不能收取利息，因为伊斯兰教禁止收取此类费用。在为客户提供金融服务的过程中，伊斯兰银行收取费用、实现盈利（价格加成）。

● 集团或全能银行（如传统欧洲大陆模式）：活跃在多个银行业务领域。

● 金融服务：通常是提供信贷和保险服务的公司实体。

● 中央银行：发行货币，并承担治理、监管和检查的职责。

《银行和信贷系统综合法》[5] 将银行业务界定为，从公众处吸收存款并实施信贷。这样的业务活动是纯商业的，并且依照法律只能由银行来进行操作。它通过获取资金和发放贷款来共同实现。它还承担以存款或其他形式进行清偿的义务。

（二）市场的新规则与新特征

过去十年间的金融危机使所有金融机构产生了趋同。金融体系中传统部门之间的差异不再泾渭分明。不同部门之间的业务重叠越来越多[6]。1989 年颁布的《欧洲银行业指令Ⅱ》对信贷机构进行了更为宽泛的界定。信贷机构与保险公司以及其他金融机构一起，可以持有彼此的无限股份[7]。20 世纪 80 年代，长期处于保护主义制度监管之下的银行业，在许多国家与提高竞争的需求发生了冲突。出现了大量金融创新：

● 新的产品被引入。

● 新的中介机构进入市场，这是由于其他欧盟国家启动了银行体系。

在许多欧盟国家里，《欧盟银行合作指令》极大地推动了银行系统的改革。该指令对进入银行业务市场的许可有了更为清晰的规定。这种规定的引入使参照发生了很大变化；该行业特有的严格监管结构让步于基于参数客观且透明的监管模型。新的经营者是否能进入金融市场，仅取决于经营者是否满足关于资本基础的客观要求以及公司银行工作人员的声誉和职业化状况。

《欧洲银行业指令Ⅱ》自 1989 年起在欧盟成员国被采用，其根本原则之一就是"相互认可"。依据该原则，信贷机构可以通过建立新的子公司或直接在木部与任何其他成员国结成业务关系。它们有权在合作成员国境内开展与本国同样的业务，并包含在同样的指令列表中。

在整个银行业务系统里出现了两个根本性进程：

● 逐渐去专门化。

● 去中介化。

这些变化反过来又导致了银行业内更大的竞争需求。银行业创新与去管制化进程相伴而生。这使银行，特别是信贷机构，逐渐扩大了服务和产品范围。因此，不同类型的金融机构之间的操作差别也相应减少（去专门化）。市场上出现了新的中介机构，它们引发银行业中介业务额的减少，使新的非银行部门获益（去中介化）。银行业与证券市场、保险业之间的差别变得模糊。因此，按照新的演变进程重新设计这些部门的组织结构变得非常必要。

当前许多欧盟成员国采用的银行和金融体系结构是复杂进程的结果。这个行业在过去几年里经历了巨大变革，其目标是推动欧洲市场的整合。始于 20 世纪 90 年代初的这场变革经历了以下三个重要阶段：

● 行业管理的变革。例如，意大利通过了《银行和金融系统综合法》。[8] 该法清晰地界定了监管的目的。

● 始于 1993 年年底的私有化浪潮。这使国有金融机构转变为股份有限公司。

● 强烈的市场整合趋势，逐步向国际体系开放。

（三）需要银行提供的服务

银行需要对其所提供的两类服务——批发银行服务和零售银行服务进行区分：

1. 批发银行服务

对于大型组织而言，对现金管理服务和营运资本服务的需求主要来自：

● 了解实时流动资本和营运资本状况的需要。

● 洞察占用了机会成本的流动性过剩，即损失利息。

在批发银行提供的服务中，针对提升企业客户财务状况管理的包括：

● 控制支付账户：由于这种结算特征，几乎所有在某特定日期的支付都是可知的。银行必须通知客户需要支付的资金总额，客户则按照确定数额向银行转账。这样，企业可以立即获得关于净资金状况的报告。

● 对账：这种结算特征记录了银行已经支付的企业支票。对账是为了确保账目上减少的资金数额与实际支出相符。

● 存款箱：是代收和处理企业支付的一种集中化服务，目的在于减少代收支付所需的时间。银行代表客户在当地设立一个存款箱，当地客户向用该存款箱（而不是企业总部）发送汇款。

● 资金集中化：该服务将来自不同银行以及分支机构账户的资金重新注入到某家银行的一些账户，并达到收支平衡。

● 支票存款服务：包括客户支票的加密、兑现以及影像化管理。

● 财务管理服务：对交易性投资所使用的不同货币以及证券组合进行有效

管理。目的在于最大化企业的流动资本，同时减少运营和财务的成本与风险。

● 电子资金转账（EFT）：通过国内银行间网络或环球银行金融电信协会（SWIFT）自动传输支付信息，这是多数跨国银行具备并提供的跨国电子信息服务，用于划拨汇票。

● 电子数据交换（EDI）：结构性数据传输。该服务自动传输电子文件、商业发票、采购订单，以及交货通知。

● 电子账单：用于提交和代收账单。该服务对经常性提交大量账单的企业有益。银行可以通过银行间支付网络以电子邮件或短信以及自动支付服务的形式来发送清单。

● 识别技术：金融机构通过使用加密系统来证明账户持有者的身份，客户可将其作为中介来验明其他银行账户持有者的身份。

● 为小型企业建立电子商务所需的基础设施提供帮助。[9]

2. 零售银行服务

零售银行客户在金融交易中寻求效率和灵活性。对于这部分客户，单纯使用支票或银行账户中的流动资金经常不便，而且在时间和成本上可能要比使用电子手段（越来越多的是通过互联网）进行支付更为昂贵。下面列出了一些最重要的零售银行创新服务：

● 自动柜员机（ATM）：客户一天 24 小时都能够进入其银行账户。他们既可以提取现金，也可以缴纳账单，进行现金或支票存款，打印支票，等等。除此之外，如果银行网络中某家银行的 ATM 出了故障，客户可以在全国范围内，甚至在全球范围内，从其他银行的 ATM 上提取现金。

● 终端（POS 机）借记卡、信用卡或预付卡：进行购买却不使用现金、支票进行支付的客户可以使用卡片终端经由互联网进行支付。借记卡使商家避免了信用卡支付导致的偿付延时，因为使用借记卡时银行直接从客户账户向商家账户划拨资金。

● 家庭银行：这是客户与其银行账户或证券账户的直接联系。客户可以使用网上证券交易服务，通过计算机、电话和移动设备支付账单。

● 借记卡和信用卡预授转账：该服务包括直接将工资存入银行账户、直接

还贷，或直接偿付第三方账单。

● 通过电话直接结账：该服务通过语音控制功能、按键或人工操作员，将客户银行账户的资金直接转账给外部服务供应商。

● 通过电子邮件处理账单：该服务使客户可以通过互联网收款和付账，从而节省邮寄、打印等所需的时间和成本。

二、金融机构的变革

在过去 20 年里，全球金融市场受到了结构性变化和金融危机带来的震荡。全球危机引发的强间断彻底改变了这个系统，对战略性商业决策和机构本身产生重大影响，在未来数年中这种影响将会继续。

马尔科·欧纳多（Marco Onado）在最新的一章里依据《巴塞尔协议Ⅲ》描述了银行的情形。[10]《偿付能力标准Ⅱ》也谈及了保险公司的类似变化。[11] 欧纳多的主要观点是新的资本要求体现了运营成本大幅减少；他注意到银行在未来数月（年）里因预期改变以及满足 4C [12] 时遇到的困难：

● 依从（Compliance），比如权威人士要求有更多股权和更高质量的服务（QoS）。

● 客户（Customers），希望得到更好、更公平的服务（特别是信用证金额）。

● 同事（Co-workers），即渴望工作稳定且报酬优厚的员工。

● 共同投资人（Co-investors），比如股东，投入有效资金并要求获得足够收益。

马尔科·欧纳多建议用下面两种方式来应对这些挑战：

● 通过出售资产来减少资本需求。

● 对生产流程的核心环节以及相应的运营成本采取灵活措施。

金融机构已经开始采用第一种方式，但这似乎并没有太多可利用的空间。至于第二种方式，在过去三年中金融机构的运营成本并没有下降。事实上，2008

年的边际运营成本比率还停留在 1984 年的水平（所谓的成本收益比，是简单的效率指标）。

本书将着重讨论第二种方式，介绍一种解决方案——云计算。该方案提供了解决金融机构在有效性、效率和经济方面的困难所需的基础设施。

三、金融机构变革的精益、数字化方法

有必要研究一下金融机构可以使用哪种方法来提升其对于客户的价值并减少自身成本。最近有本书介绍"精益、数字化"方法来应对这种情形。[13] 这本书里的许多实际案例都提及了金融服务公司可以做些什么。在当前氛围下，任何一家企业都难以做到既满足客户对于产品和服务的质量以及价格的要求，又同时能降低生产和相关服务的成本。要实现这些目标，必须重视流程改进。改进流程的最有效方法是六西格玛（Six Sigma）和精益思维。然而，对于一些重大问题，这些方法并不总奏效：

● 是否存在涵盖精益思维和六西格玛以及管理流程自动化的一致方法？

● 信息技术和电信如何支持这些项目，而不是起阻碍作用？

精益思维和六西格玛方法首先考虑分析物理流程和组织，其次是这两者的最优化。但是，它们忽略了管理自动化以及信息系统与通信网络在物理和组织活动中的互动。这导致的风险是，我们所希望的物理流程和组织的自动改进可能会与系统约束所要求的流程管理发生冲突。所以，自动化项目必须依据组织和物理流程做出评估分析，从而大大地降低与流程相关的各种资源浪费。自动化应能够通过削减人力资源（HR）而为客户增值；按照以往经验，50%的流程可以自发地独立改进，剩下的50%可以通过使用信息系统和网络来改进。不过这些百分比在不断发生着改变，自动化会占据越来越重要的地位。通过流程改进来获得最大竞争优势是非常重要的，尤其对于金融机构而言。最近几十年里，金融机构没有提高生产率，因此需要有整体性策略从各个方面优化并提升流程。这套策略应该是：

● 完整的并且可操作的。

● 结构化的（使用六西格玛法）。

● 受客户需求推动（与精益思维一致）。

● 不限于特定部门，而且考虑到了流程中端对端的活动。

● 通过理性使用信息系统和通信技术来提升精益六西格玛的收益。

精益和数字化是有助于实现这些目标的方法。该方法建立在各个宏阶段的基础之上（如图 1-1 所示）。

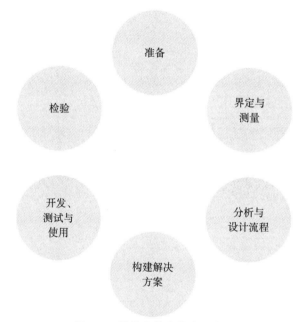

图 1-1　精益和数字化方法 [14]

● 准备。

● 界定与测量。

● 分析与设计流程。

● 构建解决方案。

● 开发、测试与使用。

● 检验。

在与组织、质量管理以及支持功能（如中台和后台、财务或营运）所涉及的各部门的密切合作中，应用这种方法及其工具是非常重要的。这样，改进项目不应以"问题"和"挑战"开始；它们必须根植于组织文化中。[15]

（一）组织变革

通向更精益化和更数字化，金融机构有两条路径可以选择：

● 更高的整合程度。

● 更加以客户为中心。

1. 金融机构内部以及相互之间的整合

在过去 20 年里，金融系统的整合发生了很大变化，这是由一系列因素造成的，包括：

● 消除了金融中介不同部门间的制度障碍。

● 新技术使组织模式和业务分布发生了变化。

● 客户的资产分配选择发生了变化。

● 社会保障方面变得越来越重要。

考虑以上因素，精益和数字化方法关注的是战略性发展。[16] 可行的办法有：

● 新的组织结构，该结构能够巩固同质性"功能"，如 ICT 服务、客服中心、托收、投资管理，以及后台。

● 银行业、保险以及证券服务之间的趋同，这有着特别的现实意义（所谓的银行保险业）。[17] 这种趋势始于 20 世纪 80 年代，多出现在欧洲国家，特别是法国。[18] 最初的整合领域是商业机会，如通过金融机构网络分销保险产品。

上述趋势推动了整合与稳定；然而，通过一个"最终"模式来确定地追踪这一演化过程是不可能的。[19] 相反，多种整合模式将共同存在。多种现象对它们施以影响，并不仅仅与外界制度有关。

● 在需求方面，导致不同金融参与者之间发生趋同的因素是"一站式"购物。客户往往希望有一个独立商务空间储存其金融和保险需求。

● 合并、收购以及联盟引入了新的操作流程和服务模式。它们导致了根本性变革。为了应对这些变革，金融机构对于削减成本和提高效率有着强烈需求，特别是实施能够迅速（不超过 6 个月）取得切实成效的具体措施。[20]

2. 由内部导向向以客户为中心转变

精益和数字化方式注重客户与金融机构之间的关系。在过去几年中，这种关系发生了重大改变，因为金融机构已经由内部导向变为以客户为中心。[21]

以客户为中心的金融机构不会硬塞给客户"一刀切"的产品和服务。它首先考虑的是客户，构建能够体现客户独特需求的关系以及客户使用机构服务的途径。

实现以客户为中心的第一步就是了解组织中的每一个流程如何满足客户需求；流程中的每一个活动都应能为客户带来附加价值。

当金融机构的前台能够为客户交付下服务时，它便是以客户为中心：

● 实时决策的能力和权利。

● 对客户完全了解。

● 金融机构如何提升价值。

金融机构前行的方向应该是将以产品为中心的商业文化转变为以客户为中心，这可能要依赖于组织网络——同盟。鉴于直至今日金融机构依旧是垂直状、结构繁冗的组织，其业务逻辑要求根本变革。这意味着复杂的组织变革。

一旦采用了以客户为导向的战略，金融机构就不能像以前那样先创造产品再寻找客户进行销售。价值链应该反过来；客户的商业战略更为重要。客户将成为"主角"，是金融机构必须取悦并满足的对象。

知晓如何管理与客户的关系成为决定金融机构成功的重要因素。为了创造出被市场广泛认可的产品和服务，它们必须了解客户的显性和隐性需求。因此，金融机构必须具备高度创新能力，必须愿意承担新的、不同类型的风险。它们的组织结构必须是可持续的、以知识为基础的，其竞争力取决于组织内部接受、传播、分享知识的能力，以便与外部环境进行动态交换。

传统金融机构是以内部为导向的，而客户驱动的金融机构则是以外部为导向的。它不是根据自身的能力、成本或竞争力，而是根据客户的实际需要、期望以及便利，来制定政策和标准。它必须认可并接受客户的需求。它应投资于改进或设计产品和流程以便尽可能地满足客户需求。任何流程中的所有活动都应为客户增加价值。由此类推，它应雇用、培训、激励合适人员并给予其运行流程、销售产品服务的任务。

定制服务变得重要。金融机构应致力于提升客户体验、提高客户满意度，方法如下：

● 重新界定代表性银行职能。

● 重组业务流程，更加以终端客户为导向，并且确保信息互通。

例如，这意味着依据所交换信息的性质，远程设备将正在进行的交易信息发送给客户。现在可以根据客户资料和活动来发送消息和促销广告，这些信息似乎更能引起客户兴趣，有助于金融机构的市场营销。

（二）ICT 支持的变革

ICT 一直为金融机构提供支持。这种支持变得越来越重要，特别是与当前金融机构变革联系在一起。一些新技术非常有趣，已经开始迅速传播。

以客户为中心的方式将对组织和自动化产生众多影响。金融机构未来绩效的重要决定因素之一，就是经营者对最新技术的接纳程度——社交网络、移动设备以及云。

接下来将介绍过去几十年间 ICT 为支持金融机构变革所发生的改变。

1. 多渠道访问

以客户为中心的路线图的第一步就是采用多渠道战略。

在过去，分行和代理机构是金融机构与客户交流的唯一渠道。这并不是一个随机选择，而是监管当局出于避免金融活动发生变革以致难以控制现金流的目的所做的决定。明显的标志是最初禁止在分行之外安装自动柜员机（只存在个别例外情况）。监管当局这样做的目的是强调自动柜员机只是一部机器，而非销售渠道。

金融机构交付渠道在过去几十年中不断增加，该趋势由诸多影响因素所导致：

● 竞争加剧。

● 中介利润降低。

● 技术创新。

● 流动性需求。

● 全天候使用服务的可能。

前两个因素之间存在密切联系：金融机构现在面临着新的、来自非银行机构的竞争。所谓非银行机构指的是那些属于金融行业（如经纪公司）或周边行业的机构，如为提升客户忠诚度而提供支付卡的电信行业和零售店。能够提供更优惠价格、更优质服务的新玩家的加入，给金融机构带来了更多竞争压力。特别是与现有信用机构相比，一些新进入金融行业的组织有着更为简化的结构。例如，某些组织只进行网上操作；由于结构成本的减少，它们可以提供更好的服务。

因此，多渠道操作为以下双方提供了现实机会：

● 金融机构的客户，他们可以进行不受地域限制的操作（远程连接）。

● 金融机构自身。

多渠道战略可以减少传统柜台交易所需的资源。与此同时，金融机构可以建立更加完整的客户资料库，以便能够提供更具针对性的定制服务。

金融机构现在将多渠道视为通过使用信息和通信系统获得的一种价值、一种竞争优势。当前，银行为客户提供了一整套由 ICT 驱动的多个渠道，从而使客户能方便地使用银行服务，包括：

● 虚拟角。

● 新一代自动柜员机。

● 电话银行业务。

● 网上银行业务。

● 企业银行业务。

● 短信银行业务。

● 手机银行业务。

多媒体元素带来的创新，使金融机构与客户之间的沟通以及数据交换变得更快、更简便、更有效。大批金融机构已经对没有现场人员的完全自动化的分支机构进行测试；必要时，客服中心的操作人员可以通过多媒体连接来协助客户。

电话银行业务使用了一批技能熟练的操作员为银行客户传输信息并提供服务支持。这种方法越来越多地被整合到多渠道平台，使操作员可以全面、实时地了解客户通过其他渠道进行的操作。

网上银行或电话银行的方案包括为使用直观简易专门设计的高级平台和界面，并与金融机构信息系统中的所有在线功能整合在一起。金融机构提供这项服务的目的在于：

● 为客户提供在不同渠道之间转换的无缝"用户体验"。

● 根据用户行为定制服务。

客户认为网上银行还有其他好处：

● 舒适的、附加的服务是鼓励客户进行网上金融交易的重要原因。使用网上银行的客户不用亲自到分行，因为他们可以在家中、办公室或其他任何场所进行金融交易。

● 除了使用简便，网上银行的可用性也远高于传统分行。客户可以一年365天、一天24小时使用网上银行。网上银行服务在可访问性方面比传统银行服务更具优势。

● 网上银行可以提供一些附加服务。一些金融机构可能会为其网络客户提供高于市场平均水平的利率、开设账户的高回报、更低的保险价格。这也可能是网上银行提供的节约带来的结果。

意大利银行家协会（ABI）于2010年在意大利进行了一项有趣的研究，结果显示大概有2000万客户通过网络访问了银行；占用户总数的1/3。这个数字还在不断增加。五年时间，这个数字几乎增至3倍，从2005年的12%上升到2010年的34%。基于这项研究，有近1000万意大利人在访问银行分行寻求建议的同时，使用了家庭银行服务（80%的情况）。对于分行的访问比前几年要少（2010年每月为1.5次，2005年接近2次），而且主要是为了复杂的财务决策。近3000万意大利银行客户已经改变了方式。多渠道客户，即根据需要同时使用网络和分行的客户，人数在五年里翻了一番多，2010年达到了800万人。精通技术的客户仅通过自动柜员机或电脑进行支付或其他操作，人数达到了200万。传统客户，也就是在2010年只使用分行或自动柜员机的用户，仍占多数（1700万人），不过这个数字在不断下降。

此外，银行提供手机银行服务。当前，高级电话和智能手机的出现使交互操作变得容易，通过移动电话激活多数家庭银行服务的能力正在迅速发展。不过，尽管年轻一代将电话视为生活的一部分，移动银行服务的广泛传播还需要一段时间；随着银行客户克服了对安全的担忧，使用移动银行的人数将不断增加。

移动设备、智能电话和平板电脑（如 iPad 和 iPhones，以及基于 Android 和 Windows 技术的设备）的使用，促使网上银行功能不断增加。用户可以进行支付、获得信贷或通过地理信息定位工具找到最近的自动柜员机。

银行系统构架整合是使客户访问交付渠道和银行服务变得容易的一种战略。网上银行使客户可以通过网站访问获得多种服务，包括银行账户、存款、信用卡和预付服务等。

值得一提的是一次性密码（OTP），即临时身份认证工具；这是由系统提供允许客户访问所有多渠道方案的一次性密码。该流程将用户使用多渠道的风险最小化，如第三方诈骗或未授权访问。

2. 虚拟金融机构

除了提供网上银行作为金融机构传统服务的补充，该行业出现了一种新的细分，代表是仅通过互联网（纯网络银行）或没有实体地址的银行进行操作的金融机构。与传统的分行网络相比，ATM 网络和网上银行服务能够减少金融机构的运营成本。

一种新的客户服务变得越来越有必要：在进行网上金融活动的时候，客户需要就功能或技术问题得到快速、有效的建议和支持。金融机构需注重这一类客户及其与网上银行交互的操作特性。这一类客户不会经常访问分行。他们进行在线操作，同时也必须应对某些银行业务操作的物质性，如申请支票簿或提取大笔现金。金融机构也可以通过虚拟渠道进行这种操作。客户发出远程请求，启动信息流，由技术支持部或后台、中台处理认证环节；最后由金融机构通过某个渠道进行实物交割。

近来银行业的最大变革之一就是**虚拟银行**。这依赖于提供服务的各种系统，如移动电话、平板电脑和个人电脑（PC）这些最新的技术。还包括一些其他的交互设备，如交互终端、多媒体连线功能，以及智能电话。[22] 虚拟金融机构保持与客户的直接联系，并不需要：

● 与客户面对面的关系。

● 分行办公室。

● 出纳员。

● 印刷材料。

● 用于并不是直接有效的活动的资源。

机构扩展、增加销售渠道已经在所有国家成为一种稳定趋势。[23] 事实上，在缺乏良好基础设施的新兴国家，对于客户和机构本身而言，网上银行甚至比传统分行更有优势。

要深入了解金融机构与客户之间的关系在这些年是如何变化的，我们需要考虑两个因素：

● 出现了非常熟悉数字化技术的新客户。

● 分行操作人员的角色发生了变化。

这种分析使我们能够了解金融机构对于多渠道战略应有的重视程度。新一代的金融机构用户对技术工具越来越熟悉。在进行传统操作时，金融机构不断地引导这些客户使用自我管理工具，如银行账户咨询、通过网上银行和电话银行业务进行转账。这尤其使银行重新界定其分行的角色。柜台出纳员的角色变得更具咨询性；从处理常规前台流程的负担中解脱出来，操作员成为客户寻求对复杂选择建议的接口（这一点或许对金融机构更有利）。引入了与客户多渠道交流的分行，拥有能够收集更多信息的工具，以便能够为客户提供更新、更好的建议和服务。受市场驱动，主要操作员都开始使用虚拟渠道，其原因如下：

● 传统金融机构增加了网上渠道以防新型金融机构挖走其客户。

● 新型金融机构设定了市场份额目标，它们代表着新的商业模式，这种模式超越了传统金融机构所能提供的服务和传统领域。

我们不是要对有或没有网络渠道，或收费较低的金融机构进行比较，而是要比较那些能够提供更好的传统服务的金融机构。就好比是，在比较贷款时，我们会看看价格、时机、提供的服务（如保险、还款安排等），通过虚拟渠道提供的服务也是这样的。金融机构之间的竞争发生在三个方面：

● 价格。

● 产品或服务的种类。

● 质量。

基于价格的差异，对于已经实现效益的金融机构而言，是一种可实现的目标。在金融机构提供的新产品和服务中出现了强大的技术元素，这使用户更加友好的操作员脱颖而出并取代竞争对手。不论这是否被认为是令人遗憾的，它在中期是有风险的战略，因为基于价格的竞争会导致价值的毁坏。

基于所提供服务组合的规模差异（通过全部渠道向客户提供的服务的数量和范围）是依据这样的假设，那就是通过将客户转向成本较低的渠道可以取得销售渠道的经济效益。抽象地讲，这条路似乎行得通。但问题是，在中期所有竞争对手都可以轻易实现这一点。

基于服务质量的差异源于这样的事实：网上产品和服务易于比较。因此，在网上市场活跃的操作员对于开发并优化所提供的服务以及为客户提供帮助也是很积极的。他们所提供的服务通常是有吸引力的且优质的。在这种情况下，挑战在于两方面：首先，客户将什么视为质量；其次，存在足够大、足够丰富的市场，能够支持为卓越服务所付出的成本。总的来说，找到虚拟渠道能够提供的、异于竞争对手的适合的服务，并非易事。

网上银行业务指的是，客户可以通过互联网或移动设备使用零售银行业务或投资服务。然而，由于计算机不能灵活回应客户的需求和指令，因此还不能将金融服务操作完全交给信息和通信系统。

在多数情况下，客户在进行某些操作时需要与工作人员交流，如申请贷款或按揭购置房产。因此，即便使用了新技术，金融机构也不能失去对于便捷和优质服务的关注。事实上，尽管存在分行遍布世界的大型银行以及大型保险公司，但是小型金融机构还是生存了下来，这在某种程度上是因为客户认为小型金融机构的整体服务质量会更高一些。在这些机构里，人工操作员经常会与客户建立私人关系，这种情况与更多使用网上银行的大型金融机构相反。

总之，金融机构需要认真管理多渠道战略并不断使之改进。

3. 移动支付

随着移动电话和智能电话越来越普及，移动支付在未来几年里会不断扩张。[24]

移动支付可以是完全依赖移动渠道（移动商务）的商业环节的一部分，也可以是多渠道商业环节的一部分。在第二种情况中，可以分为：

● 移动远程支付：客户可以通过电话使用无线蜂窝网络进行支付。

● 移动近端支付：使用短程传输技术进行移动近端支付［如在非接触式POS机上使用装有近场通信（NFC）技术的移动设备］。

移动支付系统不均地分布在全世界。通过移动数字内容进行支付（如购买歌曲、手机铃声，或者APP，即所谓的移动内容）已经非常普遍。移动商务在商品和服务领域将迅速扩张。

存在一些有趣的移动近端支付项目。除了日本和韩国等国，这些项目的扩散依旧十分有限。出于对多种社会经济原因以及立法的考虑，如单一欧元支付区（SEPA），欧洲对这些发展也十分感兴趣。[25]

在通过移动设备进行电子支付的这种现状中，意大利占有特殊地位。意大利是移动设备渗透最早的国家之一，在2010年有4800万用户；其中44%的用户使用智能手机，还有1600万移动网络用户。但另一方面，意大利却是最后使用电子支付的国家之一（在西方国家里）；仅有2500万用户使用支付卡，90%的交易还是使用现金支付。

2011年，有2300万用户（76%的意大利用户在18~54岁）至少通过移动设备进行了一次支付。交易总额达到了7亿欧元，其中5亿欧元与购买数字内容（移动内容）相关，如新闻、游戏、音乐、电话卡或者捐赠。移动商务的交易额超过了8亿欧元。作为电子商务项目的延伸，这个数字还在稳定上涨，但是尽管采取了一些有趣的措施，近端支付的分布和应用还十分有限。

这种情形反映出了意大利人的消费习惯：

● 意大利人偏好现金，因此90%的交易都是现金支付的（意大利银行，2010），而欧洲则是80%（欧洲央行，2010）。

● 仅有2500万意大利人持有活跃的支付卡，尽管大量的支付卡在流通之中，2010年为820万张（意大利银行协会，2010）。

● 意大利人不用电子货币来支付日常购买，这一点体现在每年人均较少的交易次数（意大利仅有25次，而欧元区平均为63次）以及平均每笔交易较高的

额度（80 欧元，欧元区则为 52 欧元）（欧洲央行，2010）。

● 使用支付卡交易的价值在 2006 年至 2010 年一直保持稳定，在 1200 亿欧元至 1300 亿欧元（欧洲央行，2010）。

移动支付的不同方面，决定了不同的情形和相应发展。

移动商务和移动远程支付（MRP）技术较为成熟，越来越普遍，尽管尚处于不断发展之中。MRP 成功的例子如下（所有数据都是 2010 年的）：

● 在美国，用户下载 Fandango（电影票销售）。

● 移动星巴克（排队时就可以点咖啡），每年有超过 3000 万笔交易。

● 在法国，法国国营铁路公司（SNCF）成功推出了移动 SNCF（超过 300 万用户下载），通过该系统购买的车票占总数的 3% 以上。

4. 最新的发展

在过去几年中，人们的关注焦点又发生了转变。出现了一些重要发展：

● 交友网和社区网（SN&C）。在公司内部使用遍布整个网络的协作工具。这包括旨在促进金融机构内部和外部合作的所有举措。

● 统一通信与协作（UC&C）。使用整合程度更高的通信工具。例如，它们使传统的电话通信能够嵌入到互联网协议（IP）网络，以及处理不同的媒介。用统一方式来管理金融机构的内部和外部通信，而不依赖传递内容的媒介。

● 企业内容管理（ECM）或大数据处理。使用信息和通信系统管理、处理，并存储金融机构内部、外部数据以及非结构化信息，如文件、电子邮件、声音、图像，以及视频。

意大利银行协会实验室在意大利进行的一项研究显示，近年来这些领域的投资持续增长，即便是在信息通信技术预算（特别是关于投资的预算）保持不变或减少的情况下。[26]

在这三个领域中，企业内容管理是金融机构已经投资并将在未来持续投资的领域。根据机构规模大小，投资额从几十万到几百万欧元不等。目的在于有效管理大量异质性信息和文件，如制图、财务和管理控制报告、商业信息、合同、客户资料、新闻发布、文件，以及质量指标。

意大利银行协会实验室访问过的首席信息官认为 UC&C 没有 ECM 重要，但

UC&C 却发展更为迅速。具体说来，80%的首席信息官认为这个领域将在未来对支持金融机构流程起重要作用。[27]

针对这三个领域中措施的成熟度进行的分析显示：

● SN&C 应用尚处于初期阶段。

● UC&C 范畴将在一定时期内迅速扩展，目前已经度过了实验阶段。一些金融机构制订了长期开发方案。其中，包括使用网络电话（VoIP）将电信基础设施合理化。

● ECM 的成熟程度比其他两个领域要高，处于结构性规划阶段。

在当前经济环境中，内联网和银行业 2.0 新的范式鼓励金融机构使用 SN&C 进行交互与协作。该系统使信息可以被迅速交换，同时组织的不同层级之间可以保持较为松散的结构。这可以提高组织效率并支持创建新的身份。[28] 这些应用的使用最初是内部的。在开放型金融机构的新范式中，它们会被用于客户及其他合作伙伴。它们与在私人生活中使用这些网络工具的客户和员工的期望相一致。

如果这些趋势得到认可，那么就有必要考虑到底什么样的基础设施可以更好地支持它们，这将是接下来几章要讨论的主题。

保险公司终于开始认识云计算 [28]

对于纽约人寿保险有限公司而言，为了满足代理商的文档管理要求，解决方案是使用云供应商。该公司有着庞大的系统。单个小型代理商不可能拥有这样的系统，它也不可能在这个行业推广。

通过云方案，纽约人寿保险公司能够保留代理商持有的完整的客户档案（申请、事实调查者和保单收据，以及说明）。公司可以通过"云"，而不需要当面，与代理商就这些内容进行核查。

---

5. 流程提升

精益和数字化提升了用整合方式管理信息和流程的能力。比如流程自动化（STP）之类的工具使客户可以在非常短的时间里收到回复，甚至在处理复杂任务时也可以做到，如审批贷款。将新渠道与旧渠道整合在一起，这种做法在许多金

融机构里都相当普遍。这并不是要取代现有工具，而是要重新对其进行彻底的评估。金融机构销售流程重组十分重要。

一些金融机构已经在组织里建立了强劲的、可扩展的，并且高效的整合层。多服务总线的实现有助于重组流程、应用成熟技术，如 Websphere、Tibco、Web-Methods 之类的中间件。

金融机构同时也投资于并推行新的技术方案，例如：

● 基于服务的整合方案，出于内部和外部目的。

● 基于内容的功能性服务，能够将金融机构的应用与外部服务供应商联系在一起。有助于了解客户（KYC）、信用卡处理、开户、市场数据验证、证券处理等功能的实现。

● 流程触发机制与基于事件的功能在一些金融机构里已经相当普遍。

● 语义应用程序更好地阐释了数据和信息。要应用这些技术和数据表示法，就要使用标准，如 FpML、MISMO 等。

在精益和数字化方式中，新技术引入必须与流程重组一并进行。整合流程会带来内部管理以及外部活动的变化，这两方面都涉及重要的标准化流程。现有方案已经非常成熟，未来的发展大多与提供附加功能有关。整合方案已经到了非常成熟的水平，以至于方案分配可以使用标准模型。

区分不同方案的标准是整合程度。许多操作员已经提供了平行于实体金融服务网络的网上银行服务，为使用互联网的客户提供了特殊收益。实施多渠道整合银行服务模型在设计和构建上所需要付出的努力，与建立纯粹的虚拟贸易服务或虚拟银行是不可相比的；整合必须嵌入在技术、组织和商业流程之中。精益和数字化方式是必须的。

● 从技术角度出发，传统金融机构的信息系统（旧系统、分行办公室的客户服务器架构等）必须与虚拟渠道整合在一起。应用必须是连贯的。客户信息必须能够共享；渠道之间的交互必须得到平台集成的许可。

● 从组织角度出发，结构和流程必须发生改变以适应新渠道交付的服务。

● 从商业角度出发，客户和分行操作员必须能够管理虚拟服务，了解它所带来的好处，并能够充分加以利用。该模型中的虚拟渠道代表实体渠道的扩展，金融机构提供的服务将多渠道访问作为一种附加价值元素。

这种方式的优势在于它建立在现有组织和技术资产基础之上，目的在于扩展内部合作而不是取而代之，有效地避免了投资损失。

越来越多的人认为，要实施创新方案和新的网上服务就必须创建新的技术、组织背景，从而将新方案整合到现有金融机构信息系统中。开发脱离于其他信息体系的独立方案是不合时宜的；流程的整合程度越高越好。这样，人们可以预期得到更大收益。

现在，多数金融服务都是"虚拟化服务"，这意味着它们已经去实体化。金融机构可以远程提供这些服务。为了取得更好的效果，金融机构的多渠道战略应该以客户在任何时间、任何地点，使用任何设备都容易获取的技术为基础。有时候，能够预见技术的扩散可以导致在市场份额方面获得主要的竞争优势。这种方式要求仔细规划；要避免技术没有取得巨大成功并在尚未扩大市场份额就迅速过时。这将导致能量和经济资源的损失。

6. 运营风险

实施新流程和新技术必须考虑到相关风险。在金融机构面临的众多风险中，来自于运营成本的风险是非常大的，特别是考虑到《巴塞尔协议Ⅱ》[29]和《偿付能力标准Ⅱ》[30]的相关规定。金融服务的产出体现了实际资源以及后台支持系统的使用。运营风险，顾名思义，指的是业务功能执行过程中出现的风险。这是一个非常宽泛的概念。它聚焦于来自金融机构运营过程中的人、系统以及流程的风险。它也包括其他种类的风险，如诈骗、法律、声誉、实体或环境风险。

《巴塞尔协议Ⅱ》对运营风险的定义被广泛使用。该定义指出，运营风险是由不足或失败的内部流程、人员和系统或者外部事件导致的损失风险。正如我们已经提到过的，金融机构已经发现技术是应对越来越激烈的竞争的最好工具。然而，我们依旧不了解人力和技术怎样组合才能更好地提供服务。对于金融机构而言，运营风险将持续存在，金融机构应该使用精益和数字化方案来对其进行评估。

四、小 结

贴近客户已经成为金融机构新战略的重要组成部分，信息通信技术为此提供了巨大支持。接下来几章将详细介绍一种不仅能从技术角度而且更能从商业角度支持这种转变的强大技术——云计算。

注释：

［1］Saunders，A. and Cornett，M.（2004）Financial Markets and Institutions，McGraw-Hill，New York，NY，USA.

［2］Bucur，A.（2011）Banking 2.0：Developing a Reference Architecture for Financial Services in The Cloud，Master Thesis at Delft University of Technology，June.

［3］Pohl，M. and Freitag，S.（1994）Handbook on the History of European Banks，European Association for Banking History，Edward Elgar Pub，Cheltenham Glos，UK.

［4］同上。

［5］Legislative Decree of September 1，1993，N. 385.

［6］White，W. R.（1998）The Coming Transformation of Continental European Banking？Bis Working Papers No. 54，June，Basle，Switzerland.

［7］Directive 89/646/EEC of December 15，1989-EC Official Journal N. 386 of December 30，1989.

［8］Legislative Decree 385/1993（银行业综合法），Legislative Decree 58/1998（金融业综合法），Bank of Italy，Rome，Italy.

［9］来自网站，支付的交互方法等。

［10］Onado，M.（2010）In Banca Torni L'efficienza，Ⅱ Sole 24 Ore，Milano，Italy，19 Dic，http：//en.wikipedia.org/wiki/Basel-Ⅲ，Retrieved March 10，2012.

［11］Buchman，D.，Wahl，J.，and Rose，S.（2010）Executive's Guide to Solvency Ⅱ，John Wiley and Sons，Hoboken，NJ. USA.

［12］Nicoletti，B.（2010）La Methodologia del Lean and Digitize，FrancoAngeli，Milano.

[13] Nicoletti, B. (2012) Lean and Digitize, Gower Publishing, Abingdon, UK.

[14] Nicoletti, B. (2010) "Lean and digitize project management", IPMA World Congress, November 1–3, Istanbul, Turkey.

[15] Evans, P. and Wurster, T. (2000) Blown to Bits: How the New Economics of Information Transforms Strategy, Harvard Business School Press, Boston, MA, USA.

[16] Locatelli, R., Morpurgo, C. and Zanette A. (1999) "Verso Un Sistema Bancario E Finanziario Europeo?" Ente Per Gli Studi Monetari, Bancari e Finanziari Luigi Einaudi, Quaderni di Ricerche, No. 33.

[17] De Angeli, S. (care of) (1990) Evoluzione Dei Rapporti Tra Attività Bancaria e Assicurativa in Italia e Nei Principali Paesi Della Cee, FrancoAngeli, Milano, Italy.

[18] Miklos Dietz, N., Walter, C., and Reibestein, R. (2008) "What's in store for global banking," The McKinsey Quarterly, January 17.

[19] European Central Bank (2000) Mergers and Acquisitions Involving the EU Banking Industry: Facts and implications. Nicoletti, B. (2008) Alliances and Co-Evolution: Insights from the Banking Sector, www.academici.com, June 27.

[20] Galbraith, J.R. (2006) "Designing the customer centric organization", Center for Effective Organizations, University of Southern California, CEO Telecon, February 22.

[21] Nicoletti, B. (2011) "Tra smartphone prepagate: le opportunità per ipagamenti", Bancamatica, Nov.–Dic., pp.16–18.

[22] Miklos Dietz, N., Walter, C., and Reibestein R. (2008) "What's in store for global banking", The McKinsey Quarterly, January 17.

[23] Nicoletti, B. (2011) Appunti Dalla Visita a CARTES2010 di Parigi, http: //www.bancamatica.it/approfondimenti.aspx? id=75574.

[24] _____ (2012) "Mobile payment in Italy: if not now, when?" Conference of the School of Management of Politecnico di Milano, Italy, http: //en.wikipedia.org/wiki/Single_euro_Paymentd_Area, Retrieved March 10, 2012.

[25] _____ (2011) *ABILab Forum*, Milan, Italy March 24–25.

[26] _____ (2011) *ABILab Forum*, Milan, Italy March 24–25.

[27] Brett, K. (2010) "Bank 2.0: how customer behavior and technology will change the future of financial services", Marshall Cavendish Reference, Tarrytown, NY, USA.

［28］ http：//www.insurancenetworking.com/issues/2008–85/cloud–application–crmemployers–in–surance–30786–1.html，Retrieved August 7，2012.

［29］ http：//www.bis.org/publ/bcbsca.htm，Retrieved March 6，2012.

［30］ http：//ec.europa.eu/internal –market/insurance/solvency/index_en.htm， Retrieved August 19，2012.

第二章 云计算

本章界定了云计算的概念和范畴。首先讨论了模型的来源以及支持云计算推出的主要进化要素，如虚拟技术和互联网推广。

为了能够全面定义云计算，本章介绍了该模型的主要特征，揭示出云计算是有着三个特定维度的高级计算环境：

● 五个根本特征。

● 三个服务模型或服务层。

● 四个部署模型。

本章简要地描述了：

● 云计算的主要分类。

● 该模型给用户和供应商带来的好处，这解释了使用云服务的合理性。重点介绍了与商业相关的好处。

● 使用云计算带来的潜在风险和缺陷，以及相应的补救措施。

一、发展中的云计算

概括地说，云计算指的是通过计算机网络（通常为互联网）提供所需的计算资源。

"云"这个术语源自过去用来表示互联网的标志。云指的是通过网络能够访问的服务器和计算机的集合。云的供应商通常在多个数据中心拥有并运营这些资

源。这些机器可以运行任何数量的操作系统（OP）。

云计算既包括通过互联网交付的应用程序，也包括用来提供服务的手段，如数据中心的硬件部分、服务器、存储器以及系统软件。

云计算将信息和通信技术的投资商业化又推进了一步。[1] 这是向效用商业模式演进的结果。[2] 在该模型中，计算能力就是提供的服务[3]，是互联网即软件平台的 Web2.0 时代的核心[4]，也可以说是互联网生成力量的应用。[5]

云是互联网在传播、速度和可用性方面进化的结果。当前，用户可以使用大量网页应用程序，就好像这些程序存在于用户自己的电脑里一样。云计算引入了 ICT 服务交付和消费的创新模式，该模式以网络为基础，是 ICT 商业化的又一例子。[6] 云计算使组织可以使用无数用户已经使用了一段时间的内容和服务。

尼克·卡尔（Nick Carr）在《巨大的转变》（The Big Switch）一书中探讨了对信息革命的展望，并指出信息革命与工业革命中的巨变相似。[7] 卡尔将信息时代云计算的起源与工业时代电气化的起源进行了比较。在电气化之前，组织必须自己供电（通过水轮车、风车等），但是有了电气化，组织不必再担心如何发电——它们需要做的只是接入电网。

云计算的新服务分布原理与公用设施的供给类似，如电、水、气、电话和邮政服务。当前，多数组织使用都的是自己的计算资源。但是，它们可以简单地接入云以获取所需资源。卡尔对于云计算的概念界定与展望可以追溯到许多年前。约翰·麦卡锡（John McCarthy）在 1960 年就预测："未来某一天，计算的组织方式会像公用设施那样。"[8] 然而，直到 20 世纪 90 年代才有供应商开始提供作为网络基础设施资源的云服务。正如麦卡锡和卡尔所指出的，最终效用模型因节约资源而变得非常有吸引力，以至于大型组织也转向使用该模型。

云服务与公共设施的共同点在于，所有这些服务都以一种简单方式交付给用户。用户不需要：

● 知道背后的技术。

● 清楚这个复杂系统如何运作。

● 了解 ICT 如何设计、组织和交付这些服务。

云服务包括从计算到应用、数据访问以及存储服务，所有这些都不需要终端用户具备关于服务交付系统的物理地址及其配置的任何知识。云计算是一种高级计算环境，它的用户可以将计算需求外包给第三方。当用户需要使用计算能力、应用程序以及存储、处理或服务器等资源时，可以通过互联网来访问这些资源。用户可以通过一组通道来实现，就好比在使用安装在自己数据中心的软件一样。用户可以通过网络（很可能是互联网）按照使用量付费的方式，在任何时刻访问应用程序。

这就是云计算逻辑的起源及其广泛应用。它是 ICT 资源分布和使用的新模式。它为解决灵活性和复杂性问题提供了另一种方案，实现了四个 E：有效（Effectiveness）、效率（Efficiency）、经济（Economics）以及合规（Ethics）。

● 虚拟化技术，逐步淘汰了应用程序与硬件之间一对一的关系。

● 互联网连接速度的提升，使用户能够以较低成本访问并获取大量远程内容。

● 网格运算，使大量计算设备可以同时工作。

这些虚拟化的物理资源可以简便、自发地提供服务。这些资源的高利用率使成本得到控制，实现了 ICT 的规模效应；这使该模型在经济上是可行的。创新的计量和收费机制为供应商节约了大量成本，这通常也节约了云计算成本。对于多数组织而言，云服务已经成为可行并具吸引力的选择。[9]

（一）定义与分类

对于云计算究竟代表什么依旧存在很大争议。由于这是个很吸引人的术语，因此出于营销目的，供应商经常会对其含义进行扩展。

云计算的定义多涉及：

● 概念。

● 范畴。

● 内容。

● 特征。

● 预期。

● 战略。

● 技术。

● 架构。

全球最具权威的 IT 研究与顾问咨询公司——高德纳（Gartner），将云计算定义为：[10]

一种计算方式，通过使用互联网技术，提供大量可扩展的与 IT 相关的能力作为"一种服务"。

一家美国标准机构——国家标准技术研究院（NIST），这样界定云计算：[11]

云计算这种模式可以随时随地、便捷地、随需应变地从可配置计算资源共享池中获取所需的资源（如网络、服务器、存储、应用和服务），资源能够被快速提供并释放，使资源管理工作或与服务提供商的交互减小到最低限度。

维基百科给出的云计算的定义是：[12]

云计算是一种计算资源（硬件和软件）的使用方式，通过网络（通常是互联网），将共享的资源按需求提供给他人。

瓦克罗（Vaquero）给出了云计算更为深层的定义：[13]

"云"是大量容易获取并使用的虚拟资源（如硬件、开发平台，以及/或者服务）储备。这些资源可以进行动态重新配置以适应不同载荷（规模），从而使物理资源最优化。通常，资源的使用模式是按使用付费，基础设施的供应商按照定制服务等级协议（SLA）提供保障。

这些定义都似乎过于简单。它们并没有解释对于普通商业或经理而言，云计算意味着什么。它们只是定义了云计算"是什么"，而不是对于组织中工作的个人，云计算"做"或"意味"什么，特别是"能做"什么。而这所导致的结果是，42%的首席信息官认为他们的董事会并未完全领会"云"的潜能。[14]

德意志银行云战略获得业界好评 [15]

随着新的基础设施即服务平台的建立，德意志银行广受业界好评，并获得了公开数据联盟颁发的"征服云挑战"奖。获奖缘由是其"在新混合云世界中的身份认证管理"。

这项著名的比赛由多个专家小组评判出云计算实施过程中的最佳做法。

《计算机世界》杂志指出，这个新平台将赋予开发商迅速创建并部署虚拟应用的能力，它可以同时运行 2000 多部虚拟电脑。这种通用环境将使用 Windows、UNIX、Linux 和 Solaris 程序的开发商都纳入其中。

其他创新还包括官方所说的"强势标准化"和自动化。这将最终减少用户费用和存储成本。

云计算的实用定义是：

云计算不仅仅是一项技术，它完全是另一种看待计算的方式。它可以及时地对组织的产品/服务和流程进行彻底修正。云计算模式提供了按照需要使用非定域的、容易获得的共享计算资源（网络、服务器、存储、应用和服务）的渠道，这些资源可以被快速获取和释放。组织能够在维持对运营影响最小的同时，使用可变化的工作负荷。通常，用户可以通过按使用付费的方式使用这些资源。在云计算中，服务供应商承诺按照《服务水平协议》（SLA）提供一定保护。

云计算是一种不断演进的范式。它的定义还在不断发展之中，一定会随着时间而改变。

如图 2-1 所示，国家标准技术研究院对云计算的定义描述了五个基本特征、三个服务模型和四个部署模型。[16]

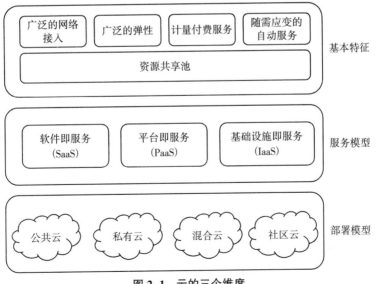

图 2-1 云的三个维度

NIST 定义中包括了界定云计算的五个基本特征：[17]

● 随需应变的自助服务：对于计算资源的提供、监控和管理，用户不需要与人工管理员进行交互。用户可以单方面地按需自动获取计算资源，如服务器处理时间、存储等，从而免去了与服务供应商进行交互的过程。

● 广泛的网络接入：供应商通过标准网络和异质性设备，主要是互联网，提供云计算资源。网络提供 ICT 功能，可通过统一标准机制从多样化的瘦客户端或者胖客户端平台获取（如移动电话、笔记本电脑、智能手机）。

● 广泛的弹性：ICT 资源能够被快速提供以实现扩展，或者被快速释放来实现收缩。对于用户来说，可取用的功能是应有尽有的，并且可以在任何时间进行任意数量的购买。

● 资源共享池：ICT 资源供应商使用多租户模式为所有的用户提供服务。根据用户需求对不同的物理资源和虚拟资源进行动态分配或重新分配。资源类型包括存储、处理、内存、带宽和虚拟机（VM）等。

● 计量付费服务：ICT 资源使用根据每个租户的每次使用情况，通过公共云计费或私有云扣款。云系统利用一种计量功能来自动调控和优化资源利用，这种计量根据不同服务类型进行（如存储、处理、带宽和活跃用户账户）。资源的使用情况得以监控和上报，为服务供应商和用户提高了透明度。

云服务的部署模型是（如图 2-1 所示）。

● 软件即服务（SaaS）：供应商通过云即服务（CaaS）向终端客户提供应用程序。当前有着无数可供利用的 SaaS 服务，涵盖了从垂直型组织应用到特定行业的专门应用程序，以及基于 Web 的电子邮件等的用户应用程序。

● 平台即服务（PaaS）：该平台针对的是应用程序的开发和部署。此项服务旨在云中创建、部署和管理应用程序。该平台通常包括数据库、中介软件和开发工具。网络是交付托管应用程序的媒介。在云计算这个大背景下，PaaS 代表 IaaS 与 SaaS 之间的中间步骤。

● 基础设施即服务（IaaS）：基础设施层注重通过提供存储能力、网络服务和计算能力从而实现技术。这一点很容易理解，因为越来越多的 ICT 基础设施成为商品。基础设施的硬件也经常是虚拟化的。虚拟化、管理以及运营系统软件也是 IaaS 的组成部分。

随着时间的推移，这些服务模型得以扩展以便囊括其他可能模式，一般表示为 XaaS，其中 X 代表特定的服务种类。

在这一点上，BPaaS 是最相关的。它提供了业务流程即服务，是 SaaS 的概括，供应商不仅提供了 ICT 系统，而且代表用户使用这些应用操作所有流程。

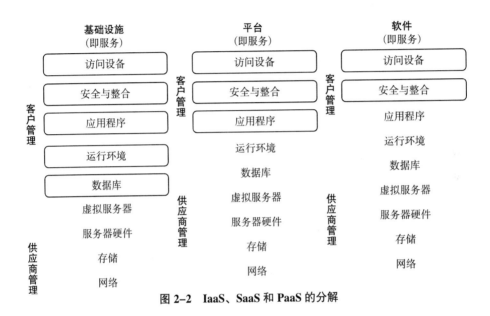

图 2-2　IaaS、SaaS 和 PaaS 的分解

伊妮萨（Enisa）针对当前云计算的不同使用模式做了一项调查（见表 2-1）。[18]这项调查得到的数据结果会随着时间的推移而迅速发生变化。

表 2-1　云计算使用模式（2009）

答案选项	回馈（%）
单独软件包	34.2
云服务提供的完整操作系统和软件包	28.8
仅基础设施服务，如存储、网络容量等	24.7
云的安全服务	9.6
其他	2.7

在谈及云服务时，我们一般指的是"公共云"交付模式。事实上，它只是一种可能的方式，至少存在四种部署模型：

● 私有云（Private Clouds）：某个组织单独使用的专门云设施。可由该组织自己来管理私有云。私有云的托管和操作也可以外包给第三方服务供应商或交由第三方管理。私有云与传统的数据中心有着很大差别。私有云具备以下特点：

- 服务器整合与虚拟化。
- 计算、存储和网络资源的共享池。
- 迅速、便捷地停止使用资源的方式。
- 集中控制和可见性。
- 基于角色的访问控制与许可。
- 用户自助服务门户。
- 标准化服务选项目录。
- 集成开发平台。
- 自动供应与编制。
- 基于政策的控制与治理。
- 基于使用的计量和计费服务。
- 公共云资源的可能接口。

● 公共云（Public Clouds）：公共云由多个组织（租户）在共享的基础上使用，由第三方服务供应商进行托管和管理。用户可以使用云基础设施。公共云由出售云服务的组织机构所有。

● 社区云（Community Clouds）：这种云计算环境由一些相关组织共享。社区对于行业部门、使命、安全要求、政策，以及依从法规的途径等方面持有一致观点。社区云可以由其中一个或多个组织或者外包给第三方进行管理。

● 混合云（Hybrid Clouds）：指某个组织既使用私有云又使用公共云以便于利用这两种方式的优势。两个或两个以上交付模型构成了云的基础设施。尽管它们各自独立，但通过技术、专利和标准被绑定在一起，实现了数据和应用程序的交换。例如，组织可能会在私有云上运行工作负荷稳定的应用。当负荷峰值出现的时候，如财季末或节日季期间，它们可以利用公共云的计算容量。当它们不再需要这些计算容量的时候，则将这些资源归还给公共池。另一种方案则是在私有云上运行某些应用，而在公共云上运行另一些应用（如客户关系管理模块）。组织可以方便地从多个地址和设备访问公共云。

每一种模型都有着各自的优缺点，能够在相互转换间获益（如图 2-3 所示，在不同的云计算类型之间转换）。

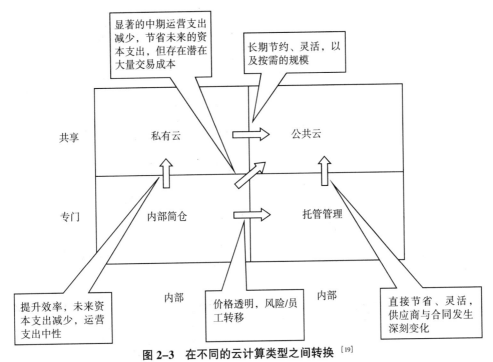

图 2-3 在不同的云计算类型之间转换 [19]

这些分类后续又发生一些变化。例如，有人提到了"虚拟私有云"（VPC）。这种情形下，用户选择了有着 ICT 定制系统的外界供应商，完全由供应商在分区中进行管理。

ING 银行构建混合云 [20]

荷兰国际集团（International Netherlands Groups，ING），是一家全球银行金融服务机构，其资产超过了 1.7 万亿美元，正在对云计算进行投资。

2008 年，ING 拥有的多家数据中心早已过时、饱和且低效（在荷兰就有16 家），结构松散、处理过程缓慢，成本高于市场平均水平的 20%。在云计算项目的第一个阶段，ING 废除了 13 家数据中心，对 6000 多台服务器和 350 多个应用程序进行了虚拟化。ING 削减了 35% 的经理，创建为内部客户和交付流程提供直接支持的团队。2011 年年初，新的业务压力引发了另一轮介入；ING 创建了与六家数据中心相连的私有云。对服务器、桌面和应用程序进行了虚拟化。现在，这家银行正在考虑成为云内部服务和外部服务的代理人。ING 的投资包括构建庞大的混合云。将公共云和私有数据中心的特点结合在一起。ING 希望其他银行金融服务机构也会使用此项投资。

混合或共享 ICT 基础设施带来了非固定成本、可扩展性、灵活性以及即期可用性。这些益处有助于克服银行和金融服务机构对于安全、合规以及内部数据中心遵循的绩效流程的担心。

在混合模式下，ING 首先全面掌控了服务器、存储和应用所处的物理环境。当人们能够更好地理解公共云服务水平协议，并且当管理制度建立起来的时候，更多的方案将移至成本更低且可扩展性强的云平台。

图 2-4 展示了由 NIST 提出的另一种云构架。正如前一种方式，"云立方"有三个主要维度，涉及三个服务模型、五个基本特征、四个发展模型。[21]

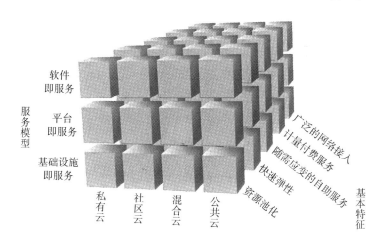

图 2-4　云立方

(二) B2B 云

部署模型的一种变化形式是企业间电子商务（B2B）云。该方案有利于应对组织之间合作与整合的重要方面。[22]

云计算提供了以下机会：

● 相连的系统是活跃的。

● 传统系统之间的界限消失了。

● 容量共享且透明。

组织可以利用这些机会实施 B2B 联络。以下三种情况可以使用该方案：[23]

● 不同组织之间需要频繁交换信息。

● 每个组织的系统都被锁定在其内部。

● 标准数据格式可用来连接不同的方案。

在这种情形中，可以进行 B2B 外包合作和交易社区管理。[24]

ICT 被用来处理流程与应用映射。某些任务可以在 B2B 云中完成。这样，ICT 组织就可以专注于增值活动，如研发和创新。更重要的是，组织能够改善与伙伴们的关系，包括客户、中间商、供应商、研究中心和大学。为了放宽内部 ICT 要求，组织需要寻找已建立庞大贸易伙伴社区的 B2B 方案供应商，以便能够接入。最好的方案就是混合 B2B 方案，至少在最初的时候是这样。它使组织能够与那些最为重要、苛求的合作伙伴取得直接联系。与此同时，组织能够使用 B2B 云与其他伙伴保持联系。通过使用云，可以较为容易地建立社交网络来提升伙伴之间的合作。

(三) 一批活跃在云计算领域的供应商

云计算吸引了一批大型技术玩家（如表 2-2 中列举的例子）。它们大量投资开发适合该模型的技术；这将确保云计算能够快速发展并在长期里降低成本。

目前，已经存在一批全球和当地的云计算供应商，它们的数量会随着时间增加。全球领先的服务供应商，如微软、亚马逊、谷歌、甲骨文、IBM、Salesforce. com 以及其他企业，正在扩展计算基础设施和平台，以便提供计算、存储、数据

库和应用这些服务。所提供的服务可大致分为以下几类：

- 基础：

  - 基础设施。

  - 存储。

  - 数据库。

- 应用程序：

  - 业务流程管理（BPM）。

  - 市场。

  - 客户关系管理。

  - 采购。

  - 收费。

  - 财务。

  - 会计。

- 办公：

  - 电子邮件。

  - 办公软件。

- 内容（数据、文件等）

  - 内容储存。

  - 内容分享。

  - 内容处理。

  - 内容认证（出于法律或财务的原因）。

  - 接入内容的网站服务。

每一天供应商都会推出新的云计算利用方式。

前文提到的那些供应商已经建立了庞大的数据中心。它们拥有无数台服务器以满足当前以及未来的用户需求。它们已经在一些市场部门引入云计算。然而，直至今日只有少数几家提供的服务才是 NIST 定义的云计算。

亚马逊一直走在这个领域的前列。亚马逊为超过 50 万家应用程序开发商提供了访问亚马逊网站服务（AWS）的平台，最初这只是出于企业内部目的。通过云计算服务，亚马逊为小企业提供了用于开辟基于云计算的电子商务业务所需工具。根据需求，可以向外扩张，或增加额外虚拟设备，或推出虚拟设备。为此，这个功能即弹性计算云（EC2）。

谷歌也对数据中心进行了大量投入。谷歌已提供在线办公应用程序，如文字处理和电子制表软件。软件和数据可以储存在云端；谷歌 App 引擎允许软件开发商编写可以在谷歌服务器上运行的应用程序。

微软的进入时间较晚；它投入大量资金创建新的数据中心。2008 年，微软推出 Windows Azure 云平台，该平台能够提供大量新技术：用于在微软数据中心存储数据和部署应用程序的基于 Windows 的云环境。微软还推出了另一种称为 Office 365 的云方案；2012 年微软与赛捷（Sage）达成协议推出企业资源计划（ERP）云方案。

表 2-2　不同的云计算平台之间的比较 [25]

系统特性	亚马逊弹性计算云（EC2）	谷歌 APP 引擎	微软 Live Mesh	太阳 Network.com（Sun Grid）	GRIDS 实验室 Aneka
重点	基础设施	平台	基础设施	基础设施	企业云的软件平台
服务类型	计算、存储（Amazon S3）	网络应用	存储	计算	计算
虚拟化	在 Xen 系统管理程序下运行操作系统层面	应用程序容器	操作系统层面	作业管理系统（Sun Grid 引擎）	资源管理器和调度器
QoS 参数的动态协商	无	无	无	无	基于 SLA 的资源预留
客户端访问接口	亚马逊 EC2 命令行工具	基于网络的管理控制台	基于网络的 Live Desktop 以及任何安装了 live mesh 的设备	作业提交脚本，Sun Grid 门户网站	工作台，基于网络的门户网站
网络应用程序编写接口	是	是	未知	是	是
增值服务供应商	是	否	否	是	否
编程框架	可定制的基于 Linux 的亚马逊机器映像	Python	不适用	Solaris 操作系统、Java、C、C++ 和 FORTRAN	应用程序编写接口所支持的 C# 和其他编程模型。网络支持的各种语言

其他软件、硬件公司也积极投资于云计算；其中，3Tera 和 Salesforce.com 是特别活跃的两家公司。甲骨文公司推出了数据库与应用的云版本。

社交网络也已朝这个方向发展，将社交平台转变为基于客户的应用。在本书写作的同时，脸书（Facebook）已经占据了优势地位，而雅虎公司也在开发服务器场。

（四）标准化与云计算

随着越来越多的组织开始使用云计算，对于制定清晰、广泛接受的行业标准的需求也相应地变得越来越强烈。

云标准的支持者和反对者之间产生了激烈的争论。争论的核心是要平衡标准与持续创新之间的利益。

反对采用云计算标准的理由是这些标准完全没有必要，此观点认为全行业的一致性和标准化将会扼杀创新，他们宁可将注意力转移到更为重要的问题上。简言之，行业标准可能会导致官僚主义。按照这种思路，各供应商应该可以自由开发最适合其专门领域和客户需求的方案，不需要对此有任何限制。

支持者将云行业标准的缺失视为严重隐患，理由如下：

● 如果这个行业没有按照普遍接受的标准发展，那么就将缺少对于服务供应商的监管。最终，潜在客户和现有客户将难以获取客观信息作为购买决策的依据。随着这个市场变得拥挤不堪并且缺乏清晰的标准，用户将难以区分架构良好的与架构不好的基础设施交付。这种情况使用户越来越难以在众多云服务中找到自己所需。

● 云计算的主要优势来自于使用相近似的构成元件，如标准应用程序。更多的定制化则意味着从云服务得到的益处越少。

● 缺乏互联云标准将制约用户，使他们难以在不同云服务、不同供应商之间转换（锁定），或难以使用多个云平台。供应商之间缺乏连贯性、互通性，会造成通信障碍。这种困境将非常难以解决。组织应能够将数据交付给任何的云供应商，而不被可预见的未来所束缚。

● 对于"云"这个术语还存在相当的混淆。供应商中出现了"镀云"的趋势；一些公司出于营销目的，而不是根据产品本身特点，将产品重新贴上云计算的标签，从而在技术和非技术层面都高估了产品优势，掩盖了其潜在缺陷。

标准问题已经不再被搁置。许多组织内部对此进行辩论并成立了工作组，行业的顶级决策者和影响者都参与其中。其中最有影响力的机构如下：

- 欧洲电信标准学会（ETSI）。
- 国家标准与技术研究院。
- 开放网格论坛（OGF）。
- 开放云计算联盟（OCC）。
- 结构信息标准化促进组织（OASIS）。
- 国际标准化组织（ISO）。
- 银行业架构网络（BIAN）。
- 交互式金融信息交换论坛（IFX）。

企业需要将这些机构作为参照，通过接纳机构制定的标准、规定、指导方针和协议来积极支持这些机构。

此外，任何基于云的新技术创建者显然都不愿看到自己的项目失败。如果供应商不愿对业务执行严格标准的话，企业与它们打交道就要谨慎了；好的供应商应该对标准持欢迎态度，因为它们对最佳实践规则没什么好担心的。

"数据生命周期"是重要标准之一。在前几年，用户购买软件后就直接安装在自己的电脑上；如果供应商消失，用户依旧可以运行这个软件，直至找到替代产品或软件功能不再适用。但是，对于云，用户如何确保能够持续使用数据，如果供应商倒闭或者被竞争对手收购的话？越来越多的组织开始使用云计算，这意味着亟须制定数据生命周期标准，特别是在当前用户有义务核实其供应商财务状况。

对于多数人而言，这只是云标准何时制定的问题。但是随着争论的继续，企业需要意识到与云服务使用相关的风险与陷阱。他们有责任开展研究，继续监控环境以确保选择的技术是稳健的，架构是合理的、安全的。

二、与云计算相关的收益和预期

当前，ICT 服务的市场供给方正在投入大量精力和资源向潜在客户宣传使用云服务带来的收益，主要有以下几类：

● 供给和使用的灵活性。这一点在载荷随时间变化时更为重要，软件开发项目就是这样的情况。

● 规模经济。

● 财务方面，主要与从投资到可变成本的转变相关。

● 克服惰性以及由惰性导致的新服务发布延迟。

● 更加轻松地访问网络。在人力资源被分散在各处且可以使用网络的时候（如灵活或远程的人力资源），这一点就特别有价值。

● 对企业内、外部合作的极大支持。云计算不仅负责"计算"，而且是强大的交流工具。它可以便捷地提供新设备，如统一协作和通信（UCC）[26]。

● 在服务管理和安全方面普遍更为高效（如完全遵循信息安全标准 ISO27001）。

云计算的两个角度：

● 客户角度：标准化、自动化、进入定义服务目录的自助服务。

● 供应商角度：虚拟化和资源优化。

（一）客户的收益

云服务能够带来显著的经济和财务收益，其能力和潜能如下：

● 减少系统的启动成本。

● 减少资本性支出（Capex）和运营成本（Opex）。

● 按照正常工作负载来定制系统和应用程序。使用扩展功能来管理高峰负载，这是云基础设施的主要特征。

● 在计算资源和财务资源以及人力资源、能力和管理方面，优化成本。

1. 创新速度加快

云服务之所以能够鼓励企业创新，是因为它具备很好的扩展性，使企业能够更加迅速、经济地探索新的 ICT 组织功能。

云计算使金融机构能够加快创新。进入新市场和新产品的低成本为刚成立的企业提供了更多获得成功的机会，使它们可以迅速以低成本部署新产品。这使中小型企业能够更加有效地与既有传统企业竞争，因后者的内部数据部署过程需要花更长的时间。市场规则指出竞争加剧有利于提高创新的速度，因此整个行业都将受益于云计算带来的动力。

2. 关注企业战略和企业灵活性

云服务给企业带来了前所未有的机遇，使企业能够专注于核心竞争力。这带来了真正的竞争优势。[27] 两个关键因素促成了这种机遇：[28]

● 云计算中资源分配的动态性，使 ICT 与业务战略密切相关。

● 减少或排除企业内部 ICT 管理所导致的精力分散。这样，ICT 企业可以将资源和管理工作重新聚焦于核心业务。[29]

企业灵活性指的是企业以迅速、成本效率高的方式应对商业环境变化的能力。麦肯锡公司认为灵活性带来的收益包括：[30]

● 企业收入增长更快。

● 成本大幅持续减少。

● 更加有效地管理风险和声誉威胁。

常常很难区分企业灵活是由 ICT 固有的灵活性所致，还是企业的灵活型文化影响到了 ICT。无论是哪种原因，灵活型企业的管理都懂得将组织和 ICT 紧密耦合的重要性。

有远见的首席信息官将云服务作为战略工具。云服务带来的收益不仅限于 ICT，而且可以促使企业彻底转变，并最终改变企业的运营模式。

对于具备灵活 ICT 功能的企业，业务经理和 ICT 经理都认为基础设施和技术是灵活性的主要驱动因素。已经在整个企业使用云部署的灵活型组织为其 ICT 组织更加灵敏快速地应对企业需求铺平了道路。云计算和新的外包模式使开放的技

术和商业环境成为现实，创造出商业服务和流程交付的全新方式。其结果是带来了全新、更加灵活的操作平台。

正如吉米·哈里斯（Jimmy Harris）和史蒂芬·纳恩（Stephen Nunn）在介绍云计算的章节中所解释的：[31]

今天，开放和灵活的技术环境，以及 ICT 功能和业务流程的不断外包，正在改变着服务交付的本质与经济学。这种新平台和设计所带来的最终收益和竞争优势是更大的组织灵活性。

外包模式与 ICT 基础设施使灵活的操作平台成为现实。这个平台能够根据需求进行扩展和收缩，使企业对市场反应更加敏捷，为创新创造了一个更为开放的环境。

3. 移动性

无处不在的访问意味着在任何时间、任何地点，从任何设备上都可以进行访问。对于希望能够为客户或合作伙伴提供全天 24 小时服务的企业而言，云计算提供了大量满足这种需求的机会。对于分散在各地或需要出差的员工，这意味着可以在非工作时间里或跨越不同时区工作。云计算创造了更加迅速、反应更加灵敏、连接更加紧密的环境。

4. 弹性：灵活并可扩展的技术模型

云计算的主要商业优势在于为企业带来了弹性。[32] 它使企业的取舍决策变得顺畅。云端提供的弹性可以被用来将风险向云供应商转移。由于用户的多样性，云端可以接受这一点。

NIST 对于云计算背景下的弹性定义如下：

能够被迅速、弹性地供给，在某些情况下是自动的，以便迅速扩容或缩容。对于用户，这种供给能力似乎是无限的，可以在任何时间、以任何数量购买。[33]

换言之，云计算提供了在短时间内而不是数周或更久的时间里、以精细方式增加或减少 ICT 资源的能力。它使资源与可变负载更加紧密地匹配。

通常情况下，仅有大型企业才可以使用高级 ICT 基础设施和应用服务，因为只有它们才有大笔预算来开发和维持这些资源的使用。但是有了云计算，中小型企业也可以访问这些资源。此外，这些资源可以在非常短的时间里被添加、改变或去除。这个事实使运营效率得到指数倍的提高。企业开始使用云，是因为云提供了适应多变的业务环境所需的灵活性。云使它们可以迅速访问技术，并在短时间里获取自身不具备的解决方案。

云服务可以加速转型并缩小 ICT 服务的实际绩效差距。因此，在企业需要使组织和交付模型适应全球市场演进和变化的时候，云服务可以使企业能够迅速实现业务重组。

5. 使用最佳安全方案

从安全角度出发，云服务可以给用户带来一系列益处，包括享有以下功能：

● 比用户自身内部标准更高级别的安全方案。

● 组织周边的安全，这是组织内部实际条件难以实现的。

● 专业主义，否则在长期内难以获取并维持。

云服务供应商可以从创建安全方案中获取规模经济，所需要的投入与单个企业使用多笔小额投入的总和相当，而云安全方案却更加先进、性能更优。云服务提供的令人称赞的性能有：

● 冗余和地域分布式构架。

● 监控服务粒度高且自动进行。

● 对于突发事件反应速度快。

● 能够缩放资源以便对服务攻击进行分布式防御。

● 在物理安全和组织安全方面取得更好效果。

● 不同安全方案之间的一致性和连贯性。

至于方案的开放性，云服务供应商在与多个不同主体的关系中，必须将服务定位在标准、开放的交付模式。在安全方面，这意味着对于基础设施更强的直接或间接控制能力。这对于执行能力有着明显的积极影响。

许多云供应商使用并遵循安全标准，其中一些标准是与认证体系联系在一起的。云的这些特性有助于限制环境共享的负效应。标准和认证有利于提高安全级别，并为云计算用户提供供应商管理安全的保证。

（二）供应商的收益

云供应商从大的数据中心提供服务。它们可以在三个领域享有规模经济：

● 供应方的节省：大规模的数据中心减少了与软件、硬件相关的成本。

● 需求方的聚合：将计算需求聚合在一起能够抚平整体变化，提升计算机利用率。

● 多租户效率：拥有越来越多用户的多租户模型，减少了每个租户的应用管理和 ICT 成本。

ICT 系统的管理需要投入高额前期成本进行基础设施投资和寻找技术人才。只有大型企业才拥有足够的资源以及与巨额投入相当的总需求，从而实现显著的规模经济、持续创新和能力。

云供应商可以将真正的规模经济和效率转至云用户（特别是中小型企业），超越了拥有专门 ICT 基础设施的企业。

这种规模经济是由云供应商在以下方面取得的成绩所带来的：

● 更强的购买力，这使规模经济成为可能。与小买家相比，云供应商购买硬件可以拿到近 30% 的折扣。

● 较低的基础设施管理成本：一名云数据中心管理员可以运行成千上万台服务器，而同样的成本，传统的组织 ICT 管理员至多只能维护 140 台服务器。云不仅能确保 ICT 设备投入获得更大回报，而且能提升技术人员的效率和有效性；仅 ICT 人员成本一项就占了企业整个预算的 70%。[34]

● 高度的自主性：云计算消除了通常用来分类和交付资源的大部分时间。此外，云计算可以通过自动化重复性管理工作大幅度地减少人力成本。

● 较低的电力成本：云供应商可以通过在电力供应较便宜的地区设立数据中心以及大宗采购协议来节约成本。相比之下，小型数据中心的运营商支付的电价比大型供应商要高，而后者支付的价格比全国平均价格低 1/4。此外，有研究已经指出，拥有多个数据中心的运营商能够利用电价的地区差异，进一步减少能源成本。

● 更高的安全性和可靠性：大型云供应商通常比企业 ICT 部门更能吸引到

资深专家。云系统也会更加安全和可靠。在讨论是否采用云计算时，安全性问题总会被提出；然而，云供应商的生存正取决于安全性；任何服务中的不足或缺陷都会损害其品牌、危及其生存。因此，云供应商的安全访问和数据保护措施要远比许多其他组织高级。不过，将云视为安全环境还是一种有问题的做法，即便不是有害的话。云的安全故障会造成非常严重的后果，其破坏性远比企业内部 ICT 基础设施崩溃要大得多。

● 多租户规模经济：在多租户应用中，并不是将每个应用分配给单个租户，而是多个租户同时使用同一应用。这种模式带来了重大经济效益。由于人力成本和日常管理费用由大批用户分担，因此固定成本的影响被大大削弱。

● 持续的研发：大型数据中心的总体规模能够支持大量正在进行的研发活动以更高效率持续进行。

● 总体影响：在云计算中，硬件容量供给端的规模效应（将成本分摊在更多硬件上）、工作负载需求端的集聚（减少变化）、再加上多租户应用模式（将成本分摊在多个用户上）导致了规模经济。

(三) 社会效益：减少污染

可持续发展计划已经成为许多企业的核心战略重点。现在，企业管理者经常会仔细检查整个企业以期找到可持续发展的方式。

云计算使金融机构可以更加有效地使用硬件，提升硬件的千瓦时工作效率。最终减少非再生资源的消耗以及温室气体的排放。以下两个因素促使云计算提升了系统效率：[35]

● 将不同用户的多个会话接入同一部机器（多租户）。

● 将多台机器的计算能力装入小部分机器（虚拟化），从而提升了物理机器的平均负载。

除此之外，云计算为远程工作者提供的支持大大削减了差旅费。

在不同情形中，所有这些因素的精准平衡是不同的。在最初评估中，某些调查是有用的。由 AT&T 公司出资，独立分析公司 Verdantix 在这个领域进行了研究[36]，这之后英国的碳披露项目（CDP）将该研究作为 2012 年 6 月启动的名为

"云计算：21 世纪的 ICT 方案"的研究的补充。

ICT 是实现可持续发展目标的关键领域。过去十年间计算要求迅速提升。2006 年，美国环境保护局（EPA）估计数据中心用电量占全国的 1.5%，并指出该数字是 2000 年的 2 倍。数据中心依旧正在不断发展；美国能源部认为到 2012 年，数据中心的用电量将占全国的 3%。

据估计，截至 2020 年，使用云计算的大型美国企业每年能够节约价值 123 亿美元的能源，减少的碳排放量相当于 2000 万桶石油——足够 570 万辆汽车一年消耗。到 2020 年，使用云计算的大型英国企业每年能够节约价值 12 亿英镑的能源，减少的碳排量放相当于 400 万辆小客车一年的排放量。据预计，使用云计算的大型英国企业将比不使用此技术的企业降低 50% 的二氧化碳排放。

以上研究报告也提及了法国市场。研究显示，到 2020 年法国和英国能够实现的碳节约量存在较大差异：前者可节约 120 万吨，后者能够节约 920 万吨。导致这种差异的原因可能是目前法国用电中的很大一部分来自核能源和可再生资源。

报告指出采用云计算的企业能够：

● 减少能源消耗。

● 降低碳排放。

● 减少在 ICT 资源方面的资本支出（Capex），同时提高运营效率。

该报告来自对不同行业的跨国公司进行的深度访谈。所有访谈对象都使用了至少两年云服务。许多被访谈的企业指出节约成本是最主要的动机，预计可节约 40%~50% 的成本。

三、云计算的风险以及应对措施

在通往云计算的道路上存在着各种风险与挑战，既有现实中的，也有人们预计到的。它们主要与以下方面相关：

- 未能完全理解云计算这个概念。

- 构建合适的方案。

- 确保适度安全、监管到位。

- 谨慎处理采购。

关于技术的正确体验和知识一定会发生改变，企业的需求以及教育也是如此，利益相关者的参与能够缓解风险。这些都是促成令人信服且有效的云服务方案的关键因素。

存在这样的需求，即将不同供应商提供的多个云服务，以一种灵活、可变的方式进行组合和定制，并同时保证安全、支持和监管机制。为了实现这个目标，云计算环境中的应用程序必须是松散耦合的。它们应被设计为作用于集成层和服务器总线，而不是在紧密耦合的底层硬件工作。

要考虑到的关键问题和风险包括：

- 供应商锁定。

- 监管缺失。

- 合约并不总是充分的。

- 不能够或不能充分协商合约条款。

- 适用的法律和管辖法庭。

- 网络连接困难或不佳。

- 可能会损害竞争优势的标准化。

- 云供应商违约或中断服务的风险。

(一) 供应商锁定

供应商锁定意味着，用户一旦在最初使用了某位云供应商，一段时间后就难以更换到其他供应商了。用户应获得保证并在合适的情形中能够做到以下三点：

- 更换云供应商。

- 内包外部云供应商提供的任何服务。

- 委托外部云供应商处理私有云内部的服务。

所有这些流程都不应存在任何障碍。清晰的合约条款应将这些方面纳入考

虑。合约应以一种清楚、全面的方式具体说明退出服务并过渡到不同环境（所谓的调回）的所有条款和操作流程，要特别提到以下三点：

● 数据返给用户的模式。

● 云供应商所使用的支持迁移的传输方法。

● 时间、工作量、路径条件以及任何可以想到的过渡步骤。

同时，定义最佳方案和国际认可的标准，将使数据和应用在不同云之间迁移变得真正可行与高效。

正如欧盟委员会副主席尼莉·克罗斯（Neelie Kroes）指出的[37]，互操作性在这个领域至关重要，这样新市场就会变得公平、公正、富有竞争力，从而能够充分实现其潜能。

（二）监管缺失和第三方数据控制

在云供应商提供的服务中，监管缺失对于用户而言是始终存在的风险。影响这个方面的因素主要与供应商建议的"使用方式"有关，可能写在专门条款、服务水平协议以及合同条款里。

另一个重要方面与外包关系中的具体安全措施有关，如评估（技术与程序的）和审计；这些都必须包含在云计算服务合约中。此外，云供应商使用分包商的做法也使评估此类风险变得越来越难。

非常有必要考虑遵守以下四个方面的要求：

● 相关法律。

● 规章制度。

● 标准。

● 最佳方案。

这些指导方针所涉及的关于监管和治理的要求，对于云来说，即便不是不可能的，实现起来的难度也比较大。

对于数据和应用程序的监管缺失，可能会导致违反关于数据隐私的法律。

(三) 合约方面

云服务市场刚刚兴起。提供公共云服务的供应商尚未开发出基于市场和客户的多样性服务。通常情况下，云服务开发商提供的是适用于所有用户的标准化合约。

云供应商常常出于简化合约的缘故，而不能满足不同的用户需求。这体现为合约条款不能为用户提供更高级别的安全保护，因此云供应商和用户在准备合约之初就应处理这些问题。

另一个困难则是合约条款的协商。云真正的经济推动力是规模经济，所以云供应商热衷于制定适用于所有用户的标准合约。它们坚持不存在协商的可能，或至少这种可能性是非常有限的。

第四章将对这些方面进行更深入的讨论。

(四) 适用的法律和管辖法庭

在许多国家，企业必须满足数据主权要求，该要求严格限制了数据管理的地点。首席信息官必须考虑哪一类云可以与该体系相匹配，确切地说，怎样达到标准。

适用于处理私人数据的法律需单独讨论，有专门立法，政党不能取消或限制这些法律。类似地，在商家对用户的合约框架里，采用的是用户居住国的司法，鲜有例外情况。

在公共云提供的服务框架下，数据和应用程序可以分布在世界各国的多个数据中心。国家供应商基于以下三点来选择建立数据中心的国家：

● 经济指标（如劳动力成本低、金融和税收激励措施，或者低廉的能源和土地成本）。

● 地理位置指标（如在气温较低的地区，用于给数据库降温的成本就会变低）。

● 技术指标（如在有着大批技术工人的地区）。

这些指标所导向的选择可能并不适合那些偏好或需要较高安全保证的用户。

　　造成云市场欠成熟的另一个原因是当前市场缺乏清晰并被广泛接受的标准。特别是在安全管理领域，缺乏从云服务用户角度出发对供应商主张的方式进行评估的指导方针。

　　另一个令企业可能接纳云计算的关键在于，重要数据在传输和存储过程中的安全性。大型企业在没有见到数据是在哪里被储存以及是如何被保护的情况下，是不愿支持云概念的。[38] 导致此类担忧的因素包括别国法律（别国法律可能会允许政府访问这些数据），以及本国的保险合约（可能要求数据、应用程序只可以被存储在某些地区）。提供此类问题的可见性在某种程度上与云计算的整体理念相冲突。目前尚不可知大型供应商将如何处理这种担心，例如，在特定时刻将数据存储在何处和数据在何时被转移到何处。

　　关于数据传输的法律也适用于跨国企业在集团中的数据传输，即便它们使用的是私有云。

　　一些供应商引入了一种新的云：公共主权云。在这种云里，供应商承担将数据保留在特定区域的义务。[39]

（五）安全性

　　事实上，对于对云方案表现出兴趣的所有行业而言，安全问题是阻碍迅速采用云技术的主要障碍。在这个问题上，该技术的支持者与批评者存在分歧，后者希望强调使用云技术导致的敏感、可能的破坏性方面。

　　对于企业而言，将信息、应用程序和硬件保管在企业内部给许多担心资料丢失在云中的人提供了信心。这并不意味着云服务一定是不安全的，而是表明出现了新的相关考虑，需要发现并使用更多的现代安全模式。目前企业高度关注端对端的安全；防火墙不再是内部流程的唯一解决方案，如密码管理和维护。

　　随着云服务的需求量越来越大，安全事故出现的频率也在不断上升。然而，事实上，许多出现在云环境里并因此被认为是云安全的问题，只是反映了多数传统网络化应用和数据寄存的问题；最根本的问题依旧是网络钓鱼、停机、数据丢失、密码安全系数弱，以及破坏主机运行的僵尸网络。

　　一方面，云用户可以利用安全问题专家集中在大型云计算供应商处这一点。

供应商能够采取各种安全措施，确保其生态系统采用了最佳安全方案。而另一方面，在云计算环境里，一个破坏者就可以干扰到多名用户。例如，垃圾邮件制造者破坏 EC2，迫使反垃圾邮件组织将很大一部分 EC2 的 IP 地址列入"黑名单"，导致服务中断。

安全性、数据隐私以及合规也是重要因素。在该领域，跨国管理者担当重要角色；他们将更加关注流程的标准化以及用来控制云世界的"法医"工具。这样，对于即将发生的事件，警察就有能力高效获取安全可靠的证据。

各国政府采取同质、和谐的管理措施是可取的。它们不应限制对云数据中心跨国分布的内在干预。这些管理措施是有效打击网络犯罪现象的必要前提，特别是在云计算的世界里。

安全性需要标准。这是希望将数据传输给云的用户的主要担忧，亟须马上解决。一些供应商考虑到了这个问题；它们对安全性问题以及潜在安全漏洞深感忧虑。因此，多数供应商倾尽全力来保护用户数据。安全漏洞必然会影响到供应商的声誉。只要出现一个问题就可能使供应商声誉扫地。最糟糕的情况下，这可能标志着业务的彻底终结。

德意志银行完成云计算改造 [40]

德意志银行进行了一项大规模的云计算改造，旨在促进内部应用程序的开发。

德意志银行已经建立了基础设施即服务开发平台。新平台着眼于使开发者能够快速建立并部署虚拟环境，任何时刻都可以运行近 2000 台虚拟机。多种类型的合作与知识管理体系为这些环境提供了支持。

虚拟机可用来开发 Microsoft Windows、UNIX、Solaris 和 Linux 环境。

终端用户使用新系统进行开发所付出的成本要比使用专门 PC 机要低，这在某种程度上是通过"积极的标准化"和"自动化"实现的。此外，一方面，由于系统不提供自动备份，从而减少了存储成本；另一方面，新系统使用了更加灵活的数据储存库来保护和管理应用程序。

德意志银行还开发了新的模块化数据中心设计和弹性运算平台。德意志银

行可以访问基础设施即服务平台，该平台由其核心身份管理平台支持。

任何一名要求使用新虚拟机的正式员工，在得到授权后就可以访问某个特定网站，接下来选择操作系统并点击三个按钮。在"不到一个小时"的时间里，一台新的虚拟机就准备就绪了。

系统记录下使用者的成本中心以及配置管理和计费数据库的详情。

（六）网络连接不佳

当前，对于所有企业而言，网络连接效果不佳是推广云服务时遇到的最大困难。不幸的是，不是所有地方都提供宽带。还有一种选择是使用卫星通信，但价格昂贵且质量差。

未来某一天，这种障碍终会消失。然而，现在它还是一个问题，特别是对于设施分散或者雇用了远程工作者或移动工作者的企业。解决这个困难的方法是求助于电信公司；如果业务量够大，这些公司会接受的。

在一项调查中，56%的受访者都预期云计算将对他们的业务有很大影响。同时，61%的受访者对安全问题、37%的受访者对运行时间问题表现出极大关注。这些问题正在削弱云带来的感知收益。[41]

（七）可能会损害竞争优势的标准化

一些企业从某些特定的、专门化应用程序那里获取了竞争优势。但这并不适用于公共云的软件即服务操作，因为企业会有失去优势的风险。不过，这并不会妨碍企业使用基础设施即服务或平台即服务。为了更好地保护优势，企业可以使用虚拟私有云——寄宿在公共云里的定制应用程序，并严格限制其他租户的访问。

克服这个局限性的最好方式就是深入分析究竟哪个程序能带来竞争优势。

公平地说，在某些情况下，事实是完全相反的；保留一个定制系统在其初期维护成本是高昂的，而且有时候使用一个功能已经过时的旧应用程序会毁掉业务。在这种情形下，不使用公共云会带来竞争劣势——这种情形发生的频率要比多数人想象得多。

（八）云供应商违约或中断服务的风险

用户必须认真考虑云供应商在提供服务过程中可能出现失误或中断的风险。特别是在专门为关键数据和应用程序选择云服务的时候，这一点非常重要。供应商采用先进技术作为服务连续性的保证，同时它们也应通过合适的服务水平协议来提供保护。然而，云用户并不能认为所有可能的问题都被解决了。

与此类风险相关的一种极端情况是，云供应商可能破产或终止服务。云市场还处于发展的初期阶段。因此，随着时间的推移，众多竞争供应商会被自然淘汰，这势必导致与其他成熟行业相比，该行业里的企业破产、终止、合并以及重组要更多。

此外，鉴于前文分析过的锁定风险，如果云供应商决定停止提供服务或者不得不这样做，用户很难寻找到替代方案并且要付出高昂成本。

公共云处于风险的原因有：

● 云供应商通常是跨国企业，其业务逻辑以及管理体系可能与云服务用户的不相匹配。

● 云供应商可能使用了欧盟境外的云基础设施。

● 与更传统的外包模式相比，或与内部 ICT 方案相比，云供应商的安全措施和弹性似乎要弱一些。

● 云供应商不愿公布可能丢失的数据或欺诈行为。另外，尚不存在披露安全问题的法定义务。所有这些可能性都与用户的宗旨和目标不相匹配。2011 年 5 月奥巴马政府提出一项新的立法，强制披露关于私人数据丢失或被窃的事件。这项提案被称为"资料外泄通知"，其理念是通过对被窃资料加密从而抵消风险，由此得出结论，担保规范不适用，包括通知突发事件的责任。[42]

合约中有专门条款保护数据的"所有权"，以防供应商违约或从法律角度收回的可能性。

（九）更高的成本

在某些特定情形中，企业决定在云端上进行经营活动，或许并不能实现前文

提到的云计算成本收益。事实上，在某些情况下企业拥有自己的数据中心的成本会更低一些。以财政法为例，在某些国家里，此类法律不允许金融服务收回收入与成本之间的增值税，因此从使用内部数据中心转向使用外部供应商可能会带来增值税的附加成本。

然而在许多情况下，完全可扩展的结构，如云计算允许的结构依旧会被调整。这发生在企业决定启动新产品或新服务试点的时候。有了云，服务可以：

● 被迅速启动。

● 在购买硬件和软件之前，以风险较低的方式监测市场。

● 作为具备已证实投资案例的长期方案在未来被内包。

从传统结构转向以云为基础的结构，需要一系列新的技能和过程，因此企业在短期内可能需要帮助。企业应该探索这样的机遇并尽早检测云服务。这样，企业能够以较低的风险积累经验、树立信心。在备份、峰值应用需求，以及灾难修复解决方案等领域都能找到这样的例子。

纳拉甘西特湾（Naragansett Bay）保险公司的备份与业务连续性 [43]

纳拉甘西特湾保险公司专门从事房屋保险。公司位于美国罗得岛，位于许多飓风的必经之路，公司需要确保飓风期间投保人依旧可以使用其业务。如果飓风来袭，公司希望能够为用户提供支持，此时最大的问题是索赔；飓风期间，公司不是在出售保单，而是在处理索赔。由于这个原因，公司运营着两家远程、基于云的数据中心，提供弹性。纳拉甘西特湾保险公司的所有操作，包括电话系统，都是在云端上进行的。

---

1. 成本节约

云服务可能带来显著的成本节约：[44]

● 由于避免了资产购置以及硬件、软件的租赁成本，云用户可以实现成本节约。规模经济使云供应商能够通过负载均衡以及提升资源使用效率来以较低的价格提供服务。[45]

● 正如格罗斯曼（Grossman）[46] 指出的，云计算使按需使用容量成为可能，只需支付所需的计算能力。也就是说，如果没有云，为获得更大的计算能力以满足潜在不断增长的需求，用户就必须投入资本，云计算节约了这方面的机会成本。在商业生命周期的初期阶段，避免此类资本密集型支出更为重要，此时突发事件可能是投机性的，同时资金也有限。[47]

● 提供并改变工作场所使其满足 ICT 设备要求，需要有能源、空间、安全保障、场地和设备，云服务可以减少或彻底消除所需付出的努力和成本。

● ICT 的支持成本，包括维修、备份、热线帮助服务以及其他类似成本会被减少，或云服务供应商将以较低的价格提供这些服务。

● 许多 ICT 设备在很短时期就会过时。云计算提供了一种减少此类成本的模式。[48]

● 通常情况下，使用云服务会导致网络成本的增加。企业的公司网络常常被忽视，并没有被纳入云战略中。在问卷调查中，有43%的答卷人认为要充分利用云，就需要升级所在企业的网络，只有20%的答卷人指出升级企业网络已经成为企业战略的重要组成部分。[49] 在某些情况下，云计算能够节约通信费用。以经常向分公司和远程办公室发送大量文件的总部为例，有了云计算，发件人只需一次性将文件传输到云上。云供应商通过互联网传输文件。维密秀（Yamamay），一家全球服装制造商，曾经历过这种情形。[50] 在过去，他们需要将最新服装款式的文件送往全球各家分店。现在，他们只需定期将文件传输到谷歌（Google），再由谷歌将文件传送到其他远程地址。

显然，这些因素之间的精准平衡以及可实现的成本节约在不同情形下也是不同的。

2. 成本效益与成本控制：资本支出与运营支出

云服务用户可以避免或大规模减少与人事、软件、硬件、不动产、ICT 设备散热、能源、软件许可证以及维护相关的费用。有了云计算，企业不再需要大量负责维护昂贵计算储存系统的专门 ICT 人员和资源。除了这些直接成本，企业内部员工还需要经常进行提升，这是因为 ICT 技术仍处在迅速发展的阶段。这种更新带来了附加成本，在某些情况下，甚至导致了冗余成本。

此外，由供应商而不是内部员工来提供程序补丁、修正、浏览器应用程序更

新，以及其他昂贵且费时的故障分析程序。硬件和软件支出减少的可能性意味着，云服务用户可以腾出资金用于企业战略目标的其他方面。

云计算常被描述成为将资本支出（Capex）转换为运营支出（Opex）。云计算使共享 ICT 资源成为可能。它将服务支出与使用相关（按使用量付费），使 ICT 成本可以被计为支出而非投资。按使用量付费模式减少了投资以及相应的资本支出和运营支出。此外，它也减少了投资过剩或不足的风险。例如，传统数据中心大多是为了应对峰值需要而建，而云计算允许按峰值处理的需求购买，即在任何确定时刻按需要的时机和容量处理。

多数 ICT 企业习惯于资本支出模型；企业进行大量预先投资。与之相反，云模型则建立在收益更快、评估更准的运营支出模型基础之上。商业模式的这个变化将对参与各方均产生影响。对软件发行商、硬件供应商、系统集成商提出了特殊要求，它们需要迅速适应这种改变。云计算彻底改变了企业的基础设施，通过减少推向市场的时间，使新产品、新市场更快速地接触到用户。

云的另一个收益来自将基础设施风险最小化的机遇。[51] ICT 驱动的企业能够通过使用云计算来减少购买硬件的潜在风险，因为一旦将应用程序迁移至云端，购买基础设施太多或太少的风险就成了云供应商的责任。通常，云供应商拥有的容量使其能够吸收单个用户负载的增长和峰值从而平衡负载，从而减少财务风险。

高度优化的虚拟 ICT 基础设施使企业能够利用合适的、多元化的硬件元件，从而有助于实现成本效益与控制。它们将计算需求作为实时应用的函数，而不需要事先设计、运营有着最大化容量、冗余和弹性的 ICT 设施。

3. 加速上市与较低的进入成本

云计算从以下三个方面来帮助新公司减少进入新市场、发布新产品和服务的成本：

● 基础设施是租赁的，而不是购买的。因此，在资本投资有限的情况下，成本得以控制。

● 按使用量付费的方式。

● 云供应商将按要求提供巨大容量。

许多云服务是标准应用程序，可以通过参数定制，不需要改变代码。这减少了准备时间，也有助于缩短推向市场的时间。这使使用云服务的企业有机会领先于竞争对手。云服务的核心是，提供了标准化、灵活性，以及商业模式创新。它们的使用能够：

● 改变产业的竞争格局。

● 在全球范围内，减少新进入者的障碍。

例如，使用云服务来设置新业务所必需的基础设施会更为简便且成本更低；快速、稳定的网络连接就是所需要的全部，通过互联网，用户（及其客户、经销商、合作伙伴）几乎可以立即访问全套的商业服务。

四、迁移路径

评估企业是否应该使用云计算并不是一项简单任务，尽管这样做是值得的。[52] 首先在战略、组织和操作层面上，要对所面临的问题或机遇有清晰认识。只有完全做到了这一点，协商签约云服务才是可行的。

为了实现平衡风险和收益，云计算的使用需要复杂管理。混合方法的实用性，加上供应商依赖问题，表明了模块式方法可能会减少风险。这意味着：

● 进入实施阶段。

● 保留部分企业内部能量。

● 与多家供应商签约，提供云服务的不同方面（特别是备份服务应该被单独提供）。

企业或许能够剥离自身部分或全部的 ICT 操作。这使企业对于与云供应商之间的新关系有较强的依赖性。充分管理好这种关系要求用户具备（或者通过咨询获得）以下能力：

● 较强的合约谈判能力与经验。

● 对于云计算概念和实践的深刻理解。

● 强有力的治理方法与能力（将在第四章进行分析）。

对于不同的情形，成本节约的情况也是不同的。每家企业都需要进行成本收益分析。此外，随着产业的成熟，支付给云供应商的成本将来也可能发生很大变化。在评估云服务的财务方面时，用户需要考虑到首次变更合约时可能增加的费用。

成本节约是可以实现的。但是要收获云服务的这种收益，企业就必须对自身现有技术做出变革，在云供应商未能提供服务的情况下不存在另行安排的可能。用户在设计实施、选择供应商和协商合约时应考虑到这种风险。

不过，云计算提供了途径来实现以下三点：

● 以最少的基础设施成本开始。

● 按需求进行渐进式扩展。

● 避免废弃成本。

成本节约是重要的，云计算能够带来众多收益，正如本章已经讨论过的。因此，为了能够充分阐明要求、分析收益，以及评估迁移带来的挑战，企业应该考虑进行概念验证（POC）或试点。这种方案常被认为难度太大或费用过高而难以实施，现在云计算提供了能够迅速部署合适的基础设施并按需求进行扩展的一种方式，从而满足分析和操作需要。有必要提供强化收益分析的机会，筹备之前未能提供的，采取适当补救措施。

云计算 POC 的适用情况包括以下四种：[53]

● 灯塔应用。这与 POC 结论对企业有重大意义的应用程序相关。然而，关键业务应用程序并不一定是最佳选择，但在企业推出云计算时，曝光率高的应用程序所取得的成功能够促进对于云方案的采用和认可。

● 生命周期阶段。这是云的标准发展步骤或环境检测。给开发者迅速接触非产品的环境能够满足特定需要，有助于在企业采用产品方案之前建立信心。

● 可变的使用量。这种选择是与强调云计算特殊能力的可扩展工作负载联系在一起的。为了使实验结果能够更多地揭示工作负载和云技术是怎样运作的，POC 应该建立在非产品测试平台上。

● 资源密集。这指的是工作负载消耗稀缺人力资源的情况。它们可能是有

着高度业务优先权的工作负载。或者，它们也可能是从优先项目夺取稀缺资源的
工作负载。

来自中型金融机构的案例 [54]

意大利的一家中型金融机构，Istituto per il Credito Sportivo，于 2009 年决
定彻底变革其 ICT 环境。这家公司的路径图是向云计算迁移的有趣例子。几年
之后，它成功地朝这个方向推进了以下步骤：

● 在较低的层面，它将所有的服务器和台式电脑都接入了虚拟环境。

● 它将核心银行系统应用外包给外部供应商。

● 它将内部服务器的灾难恢复中心交给了一家云供应商。

● 最后，它将电子邮件系统和网站交给了一家真正的云计算运营商。

这家公司在成本方面获得的收益是巨大的。此外，Istituto per il Credito
Sportivo 还能够在较短的时间里推出新的金融产品。最终，从安全角度来看，
由于现有的 ICT 员工较少，公司现在的环境比进行变革之前更为安全。

变革产生的一个副效应是在二氧化碳排放方面改善了企业对环境的影响
（尽管考虑到公司的规模，这些排放量是非常有限的），这对于企业的社会平衡
来说是重要的。

五、结　论

看待云计算的方式主要有三种：

● 是对现有 ICT 成果的渐进式改良。

● 对于 ICT 管理方式的颠覆性创新，更为重要。

● 为企业引入新的业务模式。

最后一种方式要求企业的整个管理团队齐心协力。首席运营官、首席财务
官、首席营销官，当然也包括首席执行官，都应参与其中。

在实施云计算战略时可以参照以下步骤:

● 提高企业业务流程再造(BPR)的技巧/能力。

● 界定企业未来五年的目标。

● 将 ICT 的实际成本作为基准线。

● 勾勒尚未开发的 ICT 前景图来支持"新"企业。

● 为潜在转变和未来运营做研究/投标。

● 重新评估半年到两年计划里可实现的目标。

● 重新设计流程和步骤。

● 重新商定现有的应用程序和基础设施合约。

● 选择并采取合适的转变战略。

● 在新合约里纳入标杆管理和灵活性。

"虚拟全球云应用研究"项目访问了 1000 多名企业的 ICT 决策者。[55] 最主要的结论是,受访者指出他们将把 2012 年 ICT 预算的近 1/3 投入云计算。用百分比来计,也就是 31%,这个比例比 2011 年的 26% 提升了。这充分表明企业正试图变得更加灵活敏捷、联系紧密,更有成效。

注释:

[1] Carr, N.C. (2004) Does IT Matter? Information Technology and the Corrosion of Competitive Advantage, 1ˢᵗ edition, Harvard Business Review Press, Boston, MA, USA, April.

[2] Etro, F. (2009) The Economic Impact of Cloud Computing on Business Creation, Employment and Output in Europe, University of Milano–Bicocca, Department of Economics publication, Milano, Italy.

[3] Rappa, M. (2004) Business Models on the Web: Managing the Digital Enterprise, http://www.startupjunkies.org/business_models.pdf. Retrieved May 1, 2012.

[4] O'Reilly, T. (2005) What Is Web 2.0: Design Patterns and Business Models for the Next Generation of Software, O'Reilly, Sebastopol, CA, USA.

[5] Zittrain, J. (2009) The Future of the Internet–And How to Stop It, Caravan Books, Alexandria, MN, USA.

[6] Moschella, D. et al. (2004) Consumerization of Information Technology. Leading Edge Fo-

rum, Falls Church, VA, USA.

[7] Carr, N. (2008) The Big Switch, W.W. Northon and Co, New York, NY, USA.

[8] McCarthy, J. (1960) "Recursive functions of symbolic expressions and their computation by machine", Communications of the ACM, 3 (4): 184–195.

[9] _____ (2011) "Simply your journey to the cloud", Capgemini and Sogeti, Paris, France, pp. 1–8.

[10] http: //www.gartner.com/it-glossary/cloud-computing/, Retrieved August 16, 2012.

[11] Mell, P. and Grance, T. (2011) "The NIST definition of cloud computing: recommendations of the National Institute of Standards and Technology", NIST Special Publication 800–145, January.

[12] http: //en.wikipedia.org/wiki/Cloud_computing/, Retrieved August 16, 2012.

[13] Vaquero, L.M. et al. (2012) Open Source Cloud Computing Systems: Practices and Paradigms, IGI Global, Hershey, PA, USA.

[14] _____ (2011) "Fulfilling the Cloud", Easynet Whitepaper.

[15] http: //www.proformative.com/December 9, 2011, Retrieved April 12, 2012.

[16] Mell, P. and Grance, T. (2011) 同上.

[17] _____ (2011) "The NIST definition of cloud computing," NIST http: //www.nist.gov/it/cloud/upload/cloud=def=v15'. df.Retrieved May 2, 2012.

[18] Catteddu, D. and Hogben, G. (2009) "An SME perspective on cloud computing", An Enisa Survey, November.

[19] Hall, R. (2012) Radical IT as a service, Richmond Events, The IT Directors' Forum, May 17.

[20] Alexander, S. (2011) Bank Bets Big on Cloud Computing, December 1, http: //technorati.com/technology/cloud –computing/article/bank –bets –big –on –cloud –computing/Retrieved May 1, 2012; Lazzarin, D. (2012) "Ilcasoing: legacy, private e 'community' Cloud," ZeroUno, May, p.24.

[21] Craig-Wood, K. (2011) "Definition of cloud computing –nist cloud," http: //www.katescomment.com/definition-of-cloud-computing-nist-g-cloud/, Retrieved August 14, 2012.

[22] Bussler, C. (2003) B2B Integration, Springer Verlag, Berlin, Germany.

[23] Hatch, M. (2011) Cloud Computing and B2B, Microsoft Corporation.

[24] Viswanathan, N. (2011) "B2B integration and collaboration", Aberdeen Group Research Brief, June.

[25] Buyya, R., Yeo, C.S., and Venugopal, S. (2008) "Market-oriented cloud computing, vision, hype, and reality for delivering IT services as computing utilities", High Performance Computing and Communications, 2008. HPCC'08. 10th IEEE International Conference, September 25-27.

[26] Kerravala, Z. and Hamilton, G. (2004) "Unified collaborative communications for the real time enterprise", Yankee report, February.

[27] Porter, M. (2011) "Strategy and the internet", Harvard Business Review, 79 (3), pp. 62-72.

[28] Smith, A. (2011) Cloud Computing: A Briefing For The Business Analyst, Black Circle, Canberra, Australia.

[29] Alpern, P (2011) "Debunking 5 myths on cloud computing", Business Finance, June 22, http://businessfinancemag.com/article/debunking=5=myths=cloud=computing=0 622.Retrieved May 1, 2012.

[30] Hugo, M.H. (2009) Business Agility: Sustainable Prosperity in a Relentlessly Competitive World, Wiley, Hoboken, NJ, USA; Poppendieck, M. and Poppendieck, T. (2003) Lean Software Development: An AgileToolkit, Addison Wesley, Boston, MA, USA.

[31] Harris J. and Nunn, S. (2010) "Agile ICT reinventing the enterprise", Outlook, Accenture, June.

[32] Armbrust, M. et al. (2010) "Above the clouds: a view of cloud computing", Communications of the ACM, April.

[33] Owens, D. (2010) "Securing elasticity in the cloud", ACMqueue, http://queue.acm.org/detail.cfm? id=1794516.Retrieved August 8, 2012.

[34] _____ (2008) "The data center 'Implosion Explosion'", Cabbly Analytics, February.

[35] Smith, A. (2011) 同上.

[36] http://www.cdproject.net/en-US/WhatWeDo/Pages/Cloud-Computing.aspx. Retrieved May 1, 2012.

[37] Kroes, N. (2010) "Openness at the heart of the EU Digital Agenda", Open Forum Europe 2010 Summit, Brussels, June 10.

[38] Mahapatra, B. et al. (2012) "Five important cloud contract considerations for Iand O leaders", Gartner Report, April 5.

[39] _____ (2012) Cloud Computing Changes the Game, Accenture paper. http: //www.ac-centure.com/SiteCollectionDocuments/PDF/Accenture –New –Era –Banking –Cloud –Computing –Changes–Game.pdf. Retrieved August 17, 2012.

[40] King, L. (2011) "Deutsche bank completes cloud computing overhaul", http: //www.cio. co.uk/news/3322358/deutsche–bank–completes–cloud–computing–overhaul/ Retrieved May 1, 2012.

[41] _____ (2011) "Fulfilling the cloud", Easynet White Paper, http: //www.easynet.com/ch/ de/solutions/hosting/cloud.aspx? TertiaryNavID=874, Retrieved January 15, 2013.

[42] 法律提案请见: http: //democarts.senate.gov/pdfs/WH –cyber–breach–notice.pdf, Re-trieved May 17, 2012.

[43] http: //www.insurancenetworking.com/issues/2008_85/cloud–application –crm–employers –insurance–30786–1.html? pg=1, Retrieved August 17, 2012.

[44] Smith, A. (2011) 同上.

[45] Vouk, M.A. (2008) "Cloud computing–issues, research and implementations", Journal of Computing and Information Technology, December, 16 (4): 235–246.

[46] Grossman, R.L. and Gu, Y. (2009) "On the varieties of clouds for data intensive com-puting", Bulletin of the IEEE Computer Society Technical Committee on Data Engineering, 32 (1), pp. 44–51. Grossman, R.L. (2009) "The case for cloud computing", IT Professional, March–April, 11 (2): 23–27.

[47] Gray, P. (2006) Manager's Guide to Making Decisions about Information Systems, Wi-ley, Hoboken, NJ, USA.

[48] Alpern, P. (2011) "Debunking 5 myths on cloud computing", Business Finance, June 22, http: //businessfinancemag.com/article/debunking=5=myths=cloud=computing=0 622, Retrieved May 1, 2012.

[49] _____ (2011) "Fulfilling the cloud", Easynet White Paper, http: //www.easynet.com/ch/ de/solutions/hosting/cloud.aspx? TertiaryNavID=874, Retrieved January 15, 2013.

[50] Tha, P. (2012) "Yamamay experience", CIONET meeting, Milan, May 8.

[51] 在 "Introduction to cloud computing architecture", June 2009, White Paper 1st Edition, Sun Microsystems 中也有提及。

［52］Smith, A.（2011）同上.

［53］_____（2012）From Virtualization to Private Cloud: Cut through the cloud clutter, IT Process Institute.

［54］Nicoletti, B.（2011）"Case history: L'esperienza cloud dell'Istituto per il Credito Sportivo," ZeroUno PMI, cloud computing e competitività, Roma, October 6.

［55］今年欧洲企业的 IT 预算有 1/3 投在云计算上，VMware survey http: //www.vmwa-reemeablog.com/enterprise-uk/a-third-of-european-enterprise-it-budgets-to-go-on-cloud-comput-ing-this-year-vmware-survey. Retrieved May 28, 2012.

第三章　金融机构中的云计算

本章关注的是云计算可能对金融服务业造成的潜在影响，讨论了当前环境以及与使用云服务相关的各种考虑。

金融服务机构处在采用新技术和云计算的最前沿。它们大大受益于云计算的能力，而这些能力则是由云计算的特征所带来的：

● 处理来自不同源头的大量信息。

● 高度的业务流程自动化。

● 成熟的功能组合。

● 直通式交易（STP）。

● 已证实的技术外包收益。

这种情况是由以下因素造成的：

● 业务性质及其对技术的依赖性。

● ICT 投资的数量。

● 所处的不断变化的市场和经济条件。

一、金融机构的外包趋势

金融机构对信息通信技术基础设施的使用因企业规模而异。金融机构按规模可分为三类：大型、中/大型、小/中型。

● 有大量分支机构的金融机构属于大型。花旗银行、汇丰银行、英国巴克利银行、巴黎银行、德意志银行、西班牙国际银行（又称桑坦德银行）、西班牙毕尔巴鄂比斯开银行（又称西班牙对外银行）、意大利联合圣保罗银行、意大利联合信贷银行等，均属于此类。ICT 管理主要在内部展开。

● 中/大型金融机构，此类机构拥有超过 500 家分支机构，主要进行的是内部 ICT 管理。然而，设备管理方案和一些应用（如卡片处理）通常是外包的。

● 小/中型金融机构，此类机构拥有不到 500 家分支机构，对 ICT 应用和基础设施的管理主要采用完全外包模式。对于企业其他活动，它们也一般采用业务流程外包（BPO），例如支出与回收。另外两类金融机构也在渐渐使用这种方法。

总的说来，在许多国家，已经有一部分金融服务运营商将它们的信息系统委托给外包商。因此，金融服务产业成了信息系统外包的典范。完全外包模式的扩散取决于其显著的成本效益，因为它带给了用户极大的成本节约，并完全符合严格且变化的规则。

2009 财年金融服务财务报告 [1] 的分析显示，金融服务业是 ICT 支出对收入影响最大的行业之一。在这个行业，近 5.01% 的收入用于 ICT 支出，而其他行业的比例则要小得多：电信业大约是 2%，保险业 1.7%，交通业 0.57%，工业 0.42%，最低的是服务行业，仅 0.18% 的收入用于 ICT 支出 [2]。

根据这项调查，与小型金融机构相比，在大型和中/大型金融机构中，ICT 支出对金融服务成本的影响程度要更大。对于大型和中/大型运营商，ICT 支出媒介资金的比例分别是 0.184% 和 0.141%，而小型金融机构的这个比例大约是 0.103%；这对应着大约 27% 的成本节约。因此，与施行完全外包模式的小型金融机构相比，大型金融机构的 ICT 支出大约多了 30%，在低效高峰时支出会更多。

数据显示金融服务产业：

● 是 ICT 投资支出最多的行业。这解释了该行业对于尝试云计算等新方案的兴趣，使投资转变为成本。

● 特点是这个行业里有大量的小/中型金融机构。与大型企业相比，这些企业主要使用外包商来支持业务中的 ICT。在这些金融机构中，外包手段的使用已经非常广泛，这使它们为使用云方案做好了准备。

小/中型金融机构使用金融服务外包的目的是更有效率、更兼容。按百分比和绝对值计，大型金融机构的支出都要更多[3]。作为减少 ICT 投资和支出的有效方式，云服务也吸引了大型金融机构。

二、金融机构的云计算前景

金融服务产业利用在虚拟化、自动化、外包和安全方面的多年经验，已经迈出了采用云计算的第一步。

调查显示 2011 年金融服务是位列计算机、电子、电信设备产业之后的第二大使用云技术的行业（见图 3-1）。

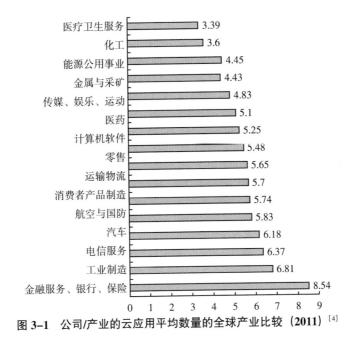

图 3-1 公司/产业的云应用平均数量的全球产业比较（2011）[4]

金融服务 ICT 组合的独特特征取决于：

● 产品和服务的范围。

● 客户目标。

● 广泛的地域存在。

必须考虑以下特定因素：

● 业务流程自动化和数字化，这是金融机构所有功能的普遍特征。几乎每一项业务功能的改变或提升，都是由技术进步贡献的。

● ICT技术集合是复杂的。有平台、基础设施、开发语言、应用程序和工具。在大型机构里，ICT几乎使用到所有技术。

● ICT组合不仅仅是复杂的；它在不同领域已达到成熟状态，如组织结构技能和能力、系统开发生命周期（SDLC）模型、业务流程整合、开发语言、投资、治理和技术伙伴关系。

● 变革管理流程，管理流程应被充分定义并建立。它可能受到一系列因素的影响，如并购、不断适应变化的市场和合规需要，更重要的是，采用不断进步的技术。

● 金融服务外包，这种方式正被广泛采用。金融服务机构将外包视为实现企业整体高效与灵活的主要方式。至于提供技术和服务的功能，ICT也被认为是能够充分利用合作伙伴能力和经验从而获益的方式。

● 产品、定价和业务模型，能够以高度创新的方式使用ICT——作为成长、差异化和创新的主要手段。

● 金融服务行业的压力促进了ICT驱动流程的设计，以便提高运营方式的有效性、效率、经济和优化。因此，ICT是应对经济差异、经济波动、消费者行为改变和充满挑战的规章制度的根本方式之一。

金融机构对技术创新有极大兴趣，并在许多情况下使用了新技术。复杂的法律和监管政策，加上产品扩展及其业务覆盖区域，云计算将产生深远的影响。

一方面，云服务带来的收益呈指数增长；另一方面，使用云服务的过程中充满了挑战。这些挑战包括：

● 法律上的问题。

● 与安全性和绩效相关的问题。

● 可靠性。

● 处理的复杂性。

● 运营控制。

● 治理。

● 更重要的是，实现承诺的经济效益。

尽管存在这些障碍，许多金融服务机构还是考虑使用云服务。坦密诺斯（Temenos）公司在 2011 年做的一项研究支持这种管理，只有 29% 的银行家表示完全不考虑在云端中运行应用程序，而在 2009 年这个比例是 41%。从长远来看，我们将看到更多的银行对云的标准化技术元素提出需求 [5]。

2009 年的另一份调查报告显示，保险行业的这个比例略高，为 51% [6]。

考虑使用云服务的主要原因是，最先进的金融服务具有创新、灵活的业务模型。云计算是一种潜在的颠覆性创新，金融机构对检验这种变革十分感兴趣。可以设想在不久的将来，会有越来越多的金融机构使用云计算。它们的内部业务和技术运营将进入一个全面的、按需定制的、可伸展的平台，涵盖了技术发展的三个关键维度：

● 核心业务服务和产品。

● 以客户为导向的多渠道、整合服务。

● 业务促成流程和公司服务，如财务、人力资源、法务和市场营销。

金融机构将云计算视为传统服务模式的演进（在某些情况下，可以视为变革）。它们评估适合迁移的计算量类型，注重确保业务应用程序与内、外部的安全政策相一致。金融服务关注的焦点正转向能够迅速带来最大收益的方式。分布广泛的技术设备，以及摆脱软件获取的普通逻辑的能力都有助于实现这一点，以便向将 ICT 即服务的模式转变。

大型金融机构正对在自身 ICT 组织里开发私有云计算表现出越来越大的兴趣，目的在于优化内部资源的使用。金融机构中存在高交易负载，因此它们必须对技术和 ICT 构架进行评估，依据需要管理的相关负载进行专门化。下一步就是系统向混合云构架（Cloud Arcs）演进，即便这会带来运营流程整合的挑战。服务为导向的构架（SOA）将作为云服务整合的主要机制，起到越来越重要的作用。两类云（私有云和公共云）的接口需要有服务总线，并保障网络安全协议（IPsec）的运行。

三、对于云方案的展望

金融机构采用日益动态发展且灵活的技术逻辑模式。目的在于满足业务的多样性和不断变化的需要。目标包括：

● 按需要充分利用服务所提供的技术资源和功能。这样，它们可以在需要的时候获得所需，而不必预先为方案、容量和可用性做准备。

● 通过使用优化的、虚拟化基础设施，实现成本效益和扩展性服务。有了云服务，金融机构可以利用合适的硬件组件，将计算要求作为实际使用的函数进行管理，而不需事先设计和运行有最大容量、冗余和弹性的计算。

● 最后，也是很重要的一点，减少运营风险（正如《巴塞尔资本协议Ⅱ》所要求的）。云计算涉及彻底重组，避免与内部ICT部门相关的执行风险。这些风险在过去是由于企业内部缺少足够技术资源造成的。

在驱动运营、采用技术和交付服务的过程中，金融机构在业务构架、流程部署、标准化操作流程方面表现得非常成熟。它们也是创新的最大消费者之一，具有巨大的市场潜力。

以下四点考虑将会促使金融服务业采用云方案：

● 业务敏捷性的承诺，加上按需进行扩展和对应业务变化的能力，而不是建立冗余容量。

● 基础设施架构中的虚拟化和随需随选方案取得的初步成功。当前多数金融机构关注的是强化它们的服务器和数据中心。它们正在推行有优异投资回报收益率（ROI）的组织级虚拟化方案。

● 各个层面的外包所取得的成功，促使将业务和技术操作的重要部分交给多个服务供应商。

● 业务功能、产品和服务的标准化以及基于服务的模式。

云方案为这些机构提供了外包范式演进中的下一阶段。在这些金融机构考虑下一代技术方案的同时，它们正寻求业务功能、运营和技术更深层次的结合；它们正从技术体系转向了业务流程最优化和管理。

对于金融企业及其运营的分析揭示出，并不存在一个能够满足所有要求的云方案。金融机构应建立并管理一个由云方案和非云方案构成的联合生态系统。在某些功能上，它们应该利用公共、私有和社区云部署所提供的抽象控制。联合生态系统可以做到以下几点：

● 充分利用多种方案。

● 提供灵活的容量以满足业务需求。

● 提供渐进采用路径，这建立在之前每一步均获得成功的基础上。

这将使开始在云端上提供产品方案的外部服务供应商与这个生态系统无缝整合。

随着机构开始采用云模式，其内部业务操作可具体分为五类[7]：

（1）服务开发，包括功能、技术和运行的开发。涵盖了金融企业内部 ICT 服务开发的各个方面，也包括应用程序和基础设施的开发、部署和维护服务。尽管组织内部的技术和工具是多样化的，但还是呈现出使用商业软件包的稳定趋势，而不是开发内部软件。组织内部的任务应该是界定架构、管理整合和创新项目，以及按照内部要求定制/参数化服务。

（2）客户服务，既包括客户参与的各个方面、销售、维护和互动[8]，也包括能够执行以客户为中心活动的内部员工职能。多数金融机构正在开发并提供基于移动通信的服务，云方案则是这个方向的主要促成者。这个方向的近期例子是统一通信和协作系统[9]。

（3）核心业务服务，包括核心业务流程，涵盖了零售金融服务、商业金融服务、支付、财政、投资金融服务、资产和财务管理服务，以及其他如卡片和支付服务、治理、风险管理和制度服务。如今，随着云模型概念被用户广泛接纳，提供商用现货方案（COTS）的产品供应商将逐步转向使用基于云的模型。云将涵盖这一流程的各个方面。尽管如今这只是核心功能的一部分，但在未来它们将不断发展，成为实现新、旧服务的业务流程。

（4）业务促成服务，包括对于完成业务流程至关重要的一系列业务功能[10]。

最初，这些功能被杂乱地嵌入在核心功能中；然而，久而久之许多机构将它们剥离出来，作为不同业务线的共享服务。随着金融机构考虑到差异化的各个方面，这一系列促成服务也将不断增长。这些服务提供了真实、丰富和实际的机会来利用云方案收益。这将进一步推动金融机构用外部服务替代内部服务平台。

（5）公司服务功能，包括促成业务存在和合法经营的功能，涉及财务、人力、采购、法务、资产管理、营销和绩效管理活动。这些功能、嵌入流程和技术平台大多已经被标准化、剥离出来，成为定义明确的服务项目。多数金融机构已经将这些平台部分外包。技术供应商合并为为数不多的几家大型企业。这些供应商正积极地寻求在云端上交付这些服务。一些供应商建立了自己的软件即服务平台。它们正在满足中小型金融机构的需求，未来它们将扩大规模为大型机构提供支持。这一趋势的例子是市场营销，在当前备受 Web 2.0 和社交媒体影响的干扰；预期将有显著增长。金融机构正利用社交媒体向数字营销模式迈进，使营销服务可以在云端上进行交付。

公共云的收益 [11]

利普乐金融集团（LPL Financial）是全美最大的独立经纪商/交易商。年营业收入达 31 亿美元，向全美 12500 多家金融顾问提供专利技术、经纪业务和投资顾问服务。它也向金融顾问提供全面的清算和合规服务。该集团通过独立研究、实务管理项目与培训，以及技术来支持这些服务。

在过去十年间，该集团取得了巨大成功。2010 年 9 月 IPO 之前，管理层对内部系统进行了大笔投资，包括总账、人力资源和采购系统。该机构希望新系统可以在六个月内建好（以便与 IPO 一致）并拥有一支经验丰富的团队。

过去，后台办公的应用程序由集团内部支持。支持团队的能力有限，再加上IPO在即，利普乐的管理层必须认真研究如何开发和维护这些系统。

外部供应商在安全服务、技术专长，以及借助云计算有效管理系统的能力等方面给予了利普乐强有力的支持。

管理层测算出，将他们的财务应用程序转移至云，会使利普乐金融集团在系统实施和使用上拥有更大的所有权。他们正在将这些系统的使用最大化。

四、加速云方案使用的各个方面

金融机构应在业务构架、流程部署、标准化方面取得成熟，才能推进运营、技术采用和服务交付。它们也是创新的最大消费者，而创新则会带来巨大业务机会。

下文总结了使用云服务更能带给金融机构收益的方面：

● 新的交付渠道。

● 多产品整合。

● 客户销售和服务。

● 客户关系管理。

● 社交网络和社区。

● 外部接口（B2B）。

● 交易处理（TP）系统。

● 企业功能和普同支持服务。

● 应用程序基础设施和应用程序开发。

（一）新的交付渠道

交付渠道指的是，金融机构提供的访问其服务的所有渠道，例如：

● 前台应用程序。

● ATM。

● 网上金融服务。

● 电话金融服务和触屏金融服务终端。

● 兑换服务。

● 交易服务。

● 移动金融服务。

在金融机构摆脱传统方式的过程中，出现了下列四种情形：

● 归功于技术整合，大部分功能可以在所有渠道里都被标准化，如用户界面和程序流程。包括前台或后台在内的所有互动方式都在不断发展。多数金融机构已经进行了多渠道整合以提升用户体验。金融服务整合功能可以建立在所有渠道里，无论在生命周期的哪个阶段。

● 渠道平台层面的技术工具已经达到相当高的标准化程度。由于有了比如Java 和.NET 技术等工具，通过一系列用于业务流程管理、客户关系管理、决策管理和核心金融服务平台的功能产品就可以实现这一点。现在，富客户端平台正在使用 Adobe Flex 和微软银光（Microsoft Silverlight）重新进行部署。

● 用于数字化和工作流优化的自助服务，实现了几乎所有与零售金融服务、商业和资本市场相关的服务的自动化。"自助"能力正迅速提升，目的在于使客户实际上能够进行他们所需的所有操作。

● 一些功能活动作为商业服务被外包给合作伙伴，该趋势正不断增强。这些方案与使用基于云的交付模型的举措是一致的。

（二）多产品整合

以整合方式管理信息和流程的能力涵盖金融服务的各个方面。基于流程自动化（STP）的方案正在金融服务系统的各个方面被广泛使用；它们使快速反应成为可能，即便是面对贷款或按揭发放这样复杂的任务。

通过使用共有且可靠的传输机制来传输服务信息，金融机构可以在两个或多个系统之间交换贷款、按揭、定期存款、投资、零售交易数据。这种方式有助于解决金融服务长期以来面临的信息"孤岛"问题，该问题是由组织不同部门使用的多家供应商系统不兼容所导致。中间件和企业平台方案在金融服务系统内部得到广泛应用。

金融机构已经在整个组织内部建立了强劲的、可扩展的、高效的整合层[12]。整合流程涉及内部管理和外部活动的变化，这两个领域里都有严格的标准化流程。当前的方案非常成熟，多数进一步的开发都考虑提供附加功能。整合已经相当成熟，以至于方案的分配也遵循标准模型。

(三) 客户销售和服务

云服务可以支持更好的客户销售和服务：

● 客户服务整合可以为客户方案的交付提供整合服务。这些方案交汇于多个部门的产品，如存款、贷款、信用卡、财富管理、证券管理等。整合也支持公共服务，如收费、报表、抵押品管理、信用卡保险等公共服务。过去，这些服务常常嵌入在具体功能中，但是金融机构逐渐抽取、合并、重新整合了信息与任务，最终将这些服务作为涵盖所有产品线的一系列公共服务来运营。这方面的一个典型例子就是支付中心，它使处理、合并各种形式的支付流程成为可能。

● 将传统客户服务外包也越来越普遍。近年来，金融机构的运营方式发生了巨大改变。金融服务业日益激烈的竞争迫使金融机构将一部分业务外包以维持自身竞争优势。金融机构倾向于将大量服务外包，这是因为功能服务已经非常成熟以致同类服务不存在显著差异。此类服务对于多数金融机构已经非常普遍，可以预见越来越多的服务将进入外包领域。这些外包业务常会被根据其执行的功能而组合在一起，例如，金融机构可能会决定将 ICT 基础设施、应用程序开发与维护、管理流程和业务流程进行外包。

(四) 客户关系管理

在过去几年里，金融机构正从以产品为导向的环境转向以客户为中心的模式。多数金融机构开始使用客户关系管理 (CRM) 系统，使金融服务可以从组织角度全面综合地看待客户、产品介绍、相关风险和价值评估。

目前，CRM 体系用于支持和管理整体客户关系。该体系范围包括从各个渠道的服务交互到服务交付的定制化。组织着力提升服务链内各方交流渠道整合和数据共享的水平，商业方案与定制方案相结合。在许多情况下，机构客户账户数据引擎 (CADE) 拥有的客户和关系信息是重复的，因此金融机构开始使用数据同步机制、重复数据消除工具和主数据管理。

一些零售金融机构将 CRM 的某些功能视为可以由外部供应商来交付的商品元素，并逐渐向这种模式转变。金融服务现在将客户信息和关系管理视为客户服

务的标准。与此同时，金融机构正向基于关系的产品和定价模式转变，此类模式实现了差异化和个性化参与。

此类工具在其他行业领域（如零售业）的可获取性，加上它们的分布特征，有利于它们在云计算环境中使用。

巴贾吉（Bajaj）汽车金融公司采用基于云的 CRM，生产效率提高 50% [13]

巴贾吉汽车金融公司是印度的一家非商业银行金融公司，主要为汽车和工业机械提供投资。它开始在云模式中启用 CRM，能够将审批贷款的时间从 19 分钟缩短至 15 分钟。由于使用了云，巴贾吉汽车金融公司一天能够处理的交易从 1600 笔升至 8500 笔。

（五）社交网络和社区

一些相关趋势对金融服务的运营环境造成了影响。金融机构越来越热衷于以一种更直接、更创新的方式与客户进行互动；这导致金融服务行业中社交网络和交流工具的使用增加。

社交网络已经成为工作场所合作交流的一种潮流，即便在金融服务行业也是如此。

银行同业公约问题的自动化（CIPA）与意大利银行协会（ABI）在意大利就金融服务系统的自动化状态做了一项调查，结果显示近 1/3 的金融服务组织已经使用了社交网络，目的在于改善工作场所中的沟通与合作。接下来的两年时间里，这个数据将会翻倍 [14]。该调查显示，金融机构基于以下多个目的使用社交网络和社区（见表 3-1）：

● 作为改善工作场所中的沟通与合作的一种方式。

● 作为组织内外部交流的沟通策略。

● 作为专门用于扩大外部客户目标、强化客户忠诚度和品牌的渠道。

● 简易讯息聚合（RSS）、维客、社交网络、社交书签和社交投票都可以被视为金融服务工具，因为一旦被引入，用户将每日多次使用这些工具。

可以预见，社交协作、内容和交流工具的业务市场正日渐繁荣[15]。社交工具的云版本有助于实现开放性与可接受风险之间的平衡。如今，每一项技术的发展都是非常有价值的。而将这些技术结合在一起，如社交网络和云计算，则有助于加快实现一系列新的业务能力。这将使组织能够启用一系列新的营销、运营、绩效和竞争业务规则。

表 3-1 协作主要的潜在收益

协作主要的潜在收益	百分比（%）
提高生产效率	87
更好的知情决策	83
员工、团队和管理层的一致	82
提升终端用户的满意度	80
节约成本（包括差旅费用）	75

使用谷歌云的西班牙对外银行（BBVA）[16]

全球规模最大的金融机构之一的西班牙对外银行，宣布采用谷歌推出的基于云的协作与沟通组合，以达到提高生产效率和推进创新的目的。

BBVA 在西班牙有 35000 多名员工将使用这种集成到谷歌应用程序组合的效能工具。截至 2012 年年底，BBVA 预期它分布在全球 26 多个国家的超过 110000 名员工将迁移至谷歌应用程序。

BBVA 选择使用云方案来提高效率，帮助员工可以不受地域限制、更加容易地进行协作。由于有了这些协作工具，BBVA 新的全球内联网成为正在发生巨变的主要技术项目。它使内联网从一个公司沟通和流程管理的网站转变成为所有员工能够在全球共享、贡献和管理知识的地方。此外，BBVA 将建立社交网络以促进沟通并探索新的工作方式。

BBVA 寻求的是能够转变业务运营的技术——并不仅仅提高效率。员工可以在任何时候、任何地点、通过任何与互联网连接的设备，随时获取他们所需要的信息。这样，他们可以更加灵活、更加机动。协作工具使他们可以更加简便地交流和分享理念——以一种创新方式工作。例如，在云端上，许多人可以

同时使用同一份文件——通过减少不断更新同一文件的不同版本的需要，提高生产效率。

（六）外部接口

外部接口通常为金融服务机构提供必需的数据，如市场数据、信用评级、监管信息、价格、比重和其他相关信息。这已经发展成为有服务导向架构的近乎即时的模型。金融机构为外部接口建立了双向模式驱动方案。多数数据服务供应商已经将语言和整合构架标准化。这样，在某些情形下，不同的金融机构之间的格式是统一的。

澳大利亚联邦银行首席信息官谈云计算 [17]

澳大利亚联邦银行（CBA）非常严肃认真地对待云计算；它打算购买软件和基础设施作为网络服务。该银行设立了企业云领导委员会。银行云战略的关键是购买软件和基础设施作为网络服务的需要。银行希望能够按需收费。最终目标是为客户提供所需服务，同时这种服务还要具备良好的价值。

为了实现这一目标，银行采取了一些重要措施。要先界定标准，通过使用现有技术，将一些业务外包，建立虚拟私有云或公共云。一旦银行开发并检测了这些能力，就立即将其投入全面使用，银行可以决定是留在外部的公共云还是回到企业内部。

银行在过去为零售和其他客户引入了基于创新技术的服务；它必须找到更加经济的使用 ICT 的方式。四年前，这家银行针对其庞大的信息系统引入了核心银行现代化项目。同时，它还区分应进入公共云、私有云或混合云的应用程序。

通过将大量内部应用程序转移至计算云，银行削减了运营成本。这样就腾出一笔资金，可供银行用于提供新的服务。为了削减成本，CBA 创建了"即服务"，也就是在销售、客户服务、人力资源、运营和 ICT 应用程序以及环境等方面的云产品。其中包括：

● 核心组织系统，如工资和人才管理。

● 概念的实验与证明，如"大数据"。

● 支持环境，如开发和检测。

CBA 开发了有标准接口的单一支付方案，可用于整个银行，从前台到后台。这样，CBA 大大减少了系统整合过程中的成本、开发成本和生产时间。该方案模块架构的组成部分，如全球银行金融电信协会（用于全球转账），也被推广至 CBA 在澳洲和亚洲的集团实体。

该银行也为其客户提供云服务。例如：

● 它与制药商、制造商、供应商，甚至其他银行，合作创建并提供基于云的数据库"即服务"。

● 它提供在 CBA 服务器或云供应商服务器上运行的云基础设施服务。通过这些服务，CBA 开发并检测了新的用于内部和外部的计算应用程序。

银行将收益分为三类：

● 成本降低。例如，"即服务"存储将 CBA 的计算存储成本减少了近 40%。更令人注意的是，"即服务"的透支服务将处理时间减少了 90%。这样，CBA 宣称通过按需购买服务、按照单位价格支付，以及具备灵活性，银行已经节约了数千万美元，在接下来三四年时间里可能会节约数亿美元。

● 计算机应用程序开发速度加快。银行将这种收益称为一种"敏捷性"。银行的支付系统——由提供支付服务的多项技术构成（应用程序、底层中间件、操作系统和其他基础设施，以及服务器和存储硬件）——就是一个合适例子。银行不需要每当业务单元或部门需要支付系统时就建立一个新的系统。

● 文化从获得业务单元转变为共享 ICT 应用程序。CBA 的人力资源部门采用人才管理应用程序以更好地理解离职、招聘、雇佣模式、招聘需求和缺勤等方面的变化趋势。CBA 建立了基于云的人才管理应用程序，该程序可供由任何一个银行部门使用，例如，西澳银行（2008 年收购）和奥克兰储蓄银行（它在新西兰的银行）都可以使用。这极大地削减了成本。

从云计算收获的 ICT 基础设施成本节约为创新争取了时间和金钱。该银行正推出新的银行业务，大多数都在网上进行。这些服务可以使客户进行实时操作，如获取金融产品。这是因为更多的银行员工关注评估客户的个体需要，以及依据客户的风险状况和忠诚度为产品和服务定价。

将后台使用的技术用于前台应用程序是必要的，这是因为在迅速扩张的领域，如移动支付等，银行不再仅仅只与其他银行竞争。

（七）交易处理系统

交易处理系统代表了金融机构的核心处理系统组合，包括储蓄、信用卡、按揭、借贷、财富管理和债券处理等业务功能。同时也包括监管在内的功能，被作为功能型产品抽离出来并使用。多数大型金融服务机构使用来自主流供应商的产品，并将其融入自身的生态系统，从而造成了多个产品和版本并存的局面。金融服务通过实施渠道方案来提供前台用户接口，从而实现更好的产品、更快的交付周期，以及以客户为中心的能力。一些产品供应商正在向基于服务的模式转变，但是此类业务、产品和服务的复杂性导致转变过程非常缓慢。金融机构正不断外包业务处理服务，包括承销和募集这样的专业领域。

IBM 与纳瓦纳加尔合作银行联手在云端上推出核心银行方案 [18]

纳瓦纳加尔合作银行选择 IBM 在托管云服务模型上部署银行方案。作为协议的一部分，IBM 将远程主持并管理该银行的 ICT 和网络基础设施。IBM 与 InfraSoft 技术公司一同为该银行提供核心银行方案的智能云弹性服务。

纳瓦纳加尔合作银行打算扩展其 ICT。目的在于提高操作效率，以一种成本有效、安全、兼容的方式提供一致的、不间断的服务。

核心银行方案扩展了银行业务，集中管理关键操作，包括前台、中台和后台进程。它也包括实施实时交易处理。这将有助于银行更好地满足客户需求。同时，也使银行能够以灵活的运营支出模式或按需收费模式进行支付，从而减轻前期资本支出的负担。

在印度，创新对于竞争激烈的合作银行领域是非常重要的。它使老旧的银行分支机构一跃成为网络/遍布各地的银行。

（八）企业功能和普通支持服务

普通支持服务是指促成业务存在并支持运营的功能，包括财务、人力资源、采购、法务、资产管理、市场营销和相关绩效管理活动。这些服务也包括技术服务，如内容管理、数字化、工作流程。这些嵌入在流程中的多数功能和技术平台都是标准化的，被抽象为严格定义的服务项目。多数金融机构已经将这些平台的重要组成部分外包。

企业功能已经被完全商品化，金融机构大多采用 SAP、Oracle 或其他 ERP 平台。通常，较低层的功能会被作为平台服务外包，如支付[19]。技术供应商已经合并为少数几家大企业，它们竭力试图在云端上交付这些服务。其中一些供应商，如 SAP、Oracle 和 Sage，已经拥有了软件即服务版本，当前用于满足中小型机构的需求。这些供应商已对这些服务进行扩展以支持大型机构。

金融机构的治理、风险以及规范提议正在制定之中，以实现覆盖全面、平台标准化以及流程同质化。不断增长的外部合规要求正在影响着这种趋势。

西班牙互联银行将云服务作为信用风险模拟应用程序的重要组成部分[20]

在评估客户财务状况时，互联银行开发并运行复杂的算法来模拟多种情形。这要求有强大的计算能力来处理至少 400000 种模拟情况以获取真实结果。通过使用云计算，该银行能够将平均每种虚拟所需的时间从 23 个小时减少到 20 分钟。

诸如工作流、文档和内容管理、数字化和整合之类的技术功能，现在已经成熟。产品供应商已经整合，多数功能的实施在不同机构和地域已经成为惯例、被标准化。业务处理服务正不断移至云端，这包括研究和分析功能这样的专门领域（所谓 KPO，是指知识流程外包）。

大马银行（AmBank）将采购功能交给云端[21]

在与第三方服务供应商签订协议后，位于马来西亚的大马银行集团将采购

功能交至云端。这家金融服务机构希望能够优化采购和支出管理，推动整个运营过程中成本节约和效率。大马银行决定使用云服务供应商以实现最佳操作流程，从而提高运营效率。

该方案使大马银行能够在众多支出类别中找到大幅度节约成本的机会，将可见性和严谨融入内部流程。

（九）应用程序的基础设施与开发

金融机构建立了囊括一切的基础设施，以实现为各个部门提供全方位技术服务支持的目的。基础设施在大型数据中心上运行；在过去几年时间里，许多金融机构已经开始使用统一模型。基础设施和软件的采购成本通常占 ICT 预算的 1/3 多[22]。由于技术不断发展，多数大型金融机构已经在过去几十年里引进了各类硬件、软件和设备，因此 ICT 支出最主要（总预算的 70%以上）花在了系统运行并确保系统能够持续工作上，这是因为技术更新的成本非常高且是强制性的。鉴于这个原因，许多服务被大量外包。在金融机构发展之初，外包是非常频繁的，整个数据中心也是由服务供应商运行并管理的。

过去十年间，应用程序开发经历了巨大变化。如今的金融机构，即便规模很大，依旧保留了一小部分技术开发。一些机构正转向云端来开发基础设施，专门从事建立检测和生产环境的 ICT 服务供应商，以一种灵活、成本有效的方式来提供这样的服务。

北美银行的经验[23]

许多银行将云计算视为给市场快速注入新功能的方式，其成本结构是可变的。银行正关注用来开发和检测的基础设施。它们希望能够通过云来访问并利用成本较低的环境。一家北美银行将其所有的应用程序开发和检测工作通过虚拟环境委托给他人完成，因此该银行可以在几个小时之内就准备好基础设施，而不需要花上数周时间。

五、金融服务机构面临的困境：私有云和公共云

鉴于前面提到的一些问题，云与金融服务行业之间的关系依旧非常微妙。一方面，一些金融机构还在迟疑是否将云环境用于其核心业务；另一方面，已经有公共云环境向大量用户提供服务，以开放、共享的方式提供功能。在这种情况下，金融机构的首席信息官非常担心将敏感信息放置在虚拟公共区域会导致安全和监管方面的问题。由于金融服务行业的业务数据极为重要、基础设施复杂，公共云的使用将在中短期内维持在较低水平。然而，如果私有云被认为是一种内部信息共享环境，且没有迁移数据的必要，尤其是安全性能够将信息保持在自身结构内，情形则完全不一样。

正如上文提到的，因为许多国家已经建立了严格的规范要求，金融服务行业的信息通信技术必须保证高度安全性。不仅要实施云方案，而且要开发适合金融机构的云服务，这大概是最重要的。当前在这个行业，由不同供应商提供的服务需要在数据安全性和合规性方面加以改善。举个例子，很难将某些数据移出区域交界。

不过，这些问题通过以下方式能够得以解决：

● 从技术角度，引入高级安全性和安全访问系统。

● 从立法角度，修正法律以满足交易方式的变化。

当前，公共云计算已经被有限地用于金融服务行业。不过，它也可以用在组织或社区的数据中心。重要的是要避免广泛分布在应用层面和管理条款中的"孤岛"结构。短期里，金融服务的核心应用主要还是在私有云上运行。

私有云在金融服务行业的应用，必须满足与安全性和可靠性相关的具体行业准则和要求。

短期里，与公共云相比，将核心应用程序置于私有云的方式不仅在安全问题上提供了更大收益，而且更能满足金融领域要求的速度。

一些金融机构集团通过内部云组织起来管理技术资产，这种方法经常被不同部门或控股公司所采用（见表 3-2）。

表 3-2　金融机构的私有云 [24]

金融服务机构	私有云收益
劳合社	全球唯一的专业保险市场，虚拟环境以减少运营支出、提高资源利用，利用新的数据中心
挪威银行	挪威最大的金融服务集团，信用卡评估流程的新平台
奥地利事故保险总公司	奥地利最大的社保和应急医疗保险的供应商。通过虚拟，将服务可用性最大化
城市贷款方案	使用超级 V 提高速度的金融服务供应商，节约了 100 万美元
巴西中央银行	虚拟化方案帮助巴西中央银行削减 20% 的能源成本，生产效率提高20%，处理速度提高 50%
卢森堡银行	私有银行，将数据中心虚拟化，获取 ICT、业务和环境效益
夏威夷银行	该银行将其关键运营集团的老旧环境进行升级，同时降低了业务中断的风险

例如，公共云既可以帮助金融机构与其客户建立更加密切的关系，也有助于封闭金融服务系统的进一步开发。与此同时，金融机构的公共云方案供应商数量在不断增加（表 3-3 列举了其中几家）。这将有助于金融服务使用渐进的方式向混合云迈进。应用程序的排序可以考虑以下三点 [25]：

表 3-3　使用公共云的金融服务情形 [26]

使用云的情形	金融服务例子
组织生产力和合作	英杰华和怡安
销售和服务	安盛、Century Payments、埃森哲、Rdt 和 Figlo
核心流程和效率	Nvoicepay、Mysis 和 Temenos
风险分析和报告	RiskMetrics 集团、Open Text 和 Kynetix
数据洞察和货币化	Alteryx 和 Xignite

● 可能出现的重大问题。

● 每一种应用程序的潜能。

● 应用程序的特性，这是首要考虑的问题。

例如，金融机构可以将客户数据保存在内部，云计算能力则用于分析和高效计算。第五章将讨论向云端迁移的成功策略。

云计算似乎是企业在金融服务领域的正确选择，它建立了虚拟环境，为用户提供资源，使用户可以按需进行访问。通过云计算范式获取收益，这对商业和ICT的共同利益做出回应。

金融机构不应购买现成的云服务。在与供应商签订合约时，组织应该考虑到众多因素，包括合规和制度。为了能够顺利使用云服务，云环境的服务质量和资源保护水平至少要与传统环境相当。

美国银行使用云[27]

近5万家美国银行分行的30万名员工使用 Salesforce.com 公司提供的客户关系管理应用程序。该银行也试用过 Chatter，这是由 Salesforce.com 提供的用于其销售和服务应用程序以及云平台的免费合作服务。该服务将社交网络式合作嵌入 Salesforce.com 现有的功能中。该服务与包括脸书和推特在内的流行公共网络结合在了一起。

美国银行非常重视它的客户，尽可能地让客户使用其希望的渠道与银行沟通。目标是能够与客户进行实时合作。

该银行所面临的最大挑战是在内部云、外部私有云和外部公共云方案之间做出决定。问题在于银行打算迁移多少数据。这取决于银行从内部云、外部私有云和外部公共云服务获取的价格、服务水平协议和数据安全保证。

六、结　论

金融机构使用云计算是一种重要的趋势，不仅从技术角度，而且从商业角度来看，这也是越来越重要的。

这一举措需要被监管，控制云计算在这种转变中具有战略意义，下一章将对此进行讨论。

注释:

［1］——（2009）"Analisi KPMG su bilanci 2009", *KPMG*.

［2］——（2012）"Financial institution of Italy and ANIA，NetConsulting elaboration of ISTAT data"，Internal Document.

［3］——（2011）Rilevazione dello stato dell'automazione del sistema creditizio，anno 2011，Cipa，Frascati，Roma.

［4］——（2011）"Differences in cloud adoption across global industries"，*The TCS cloud Study*，http：//sites.tcs.com/cloudstudy/differences－in－cloud－adoption－across－global－industries#.T6F9ELPt_pc，Retrieved May 20，2012.

［5］Gunning，M.（2011）"New Year，New Trends"，*Mobile Marketing*，*December*，http：//www.mobilemarketingmagzine.co.uk/content/new－year－new－trends，Retrieved August 11，2012.

［6］——（2010）"How cloud computing will transform insurance"，*Accenture paper*，http：//www.accenture.com/SiteCollectionDocuments/PDF/Accenture_Banking_Cloud_Computing.pdf，Retrieved August 17，2012.

［7］Suresh，M.C.（2010）"Cloud computing strategic considerations for banking and financial services institutions"，*TCS White Paper*，http：//www.tcs.com/SiteCollectionDocuments? White%20Papers/Bfs_whitepaper_Cloud－Computing－Strategic－Considerations－for－Banking－and－Financial－Institutions－03_2010.pdf，Retrieved January 15，2013.

［8］ATM、售货亭、呼叫中心、分行、网上功能、基于移动的功能、内容管理，以及业务伙伴交付功能。

［9］Thews，C.（2008）*Unified Communication and Collaboration*，http：//www.dfn.de/fileadmin/3Beratung/Betriebstagungen/bt48/forum－voip－cthews.pdf，Retrieved August 9，2012.

［10］例如，贷款发起、交易处理、客户服务、募集、对账、分析、协作和报告等功能。

［11］Mehta，O.（2011）"Finance in the Cloud"，Profit，February.

［12］在这种组合中，使用多个企业服务总线（ESB）是非常普遍的，利用了像Websphere、TIBCO、WebMethods、XML 和 Java 这样的成熟技术。相关例子见：——（2006）Enterprise Service Bus and SOA Middleware，Aberdeen Group，June。

［13］http：//www.cio.in/case-study/bajaj-auto-finance-adopts-cloud-based-crm-and-increses-general-staff-productivity-50-per，Retrieved August 6，2012.

［14］——（2010）Rilevazione sullo stato dell' Atuomazione del sistema creditizio，Convenzione Interbancaria sui Problemi dell' Atuomazione（CIPA）e Associazione Bancaria Italiana（ABI）.

［15］ Baumann, N. et al. (2012) Insurance Tech Trends 2012, Deloitte paper, http: //www. deloitte.com/assets/Dcom －UntedStates/Local% 20Assets/Documents/us_consulting_2012Insurance_ Technology_trends_05312012.pdf, Retrieved August 17, 2012.

［16］ http: //press.bbva.com/latest－contents/press－releases/spain/bbva－banks－on－the－google－ cloud (9882-22-101-c-92220). html, Retrieved April 11, 2012.

［17］ Howarth, B. (2010) "Commonwealth bank CIO talks cloud computing: an indepth in-terview with CBA chief information officer and group executive for enterprise services", *Michael Harte*, *CIO*, July 21.

［18］ ——(2011) "IBM teams up with Nawanagar cooperative bank to implement core banking solutions on cloud", *Information Week*, October 11.

［19］ SAP 云方案已经在瑞士被开发出来, 并符合最高的瑞士质量标准。在公共云中提供 "作为平台即服务的 SAP 业务组合应用程序", 是一个按需 SAP 云平台 (www.sapcloudcomputing. com)。Oracle 也已经在提供软、硬件的产品和服务组合, 以实现公共云、私有云和混合云。其 他供应商也在这个领域非常活跃。

［20］ ——(2012) AWS Case Study: Bankinter, http: //aws.amazon.com/solutions/case－stud-ies/bankinter/, Retrieved August 17, 2012.

［21］ http: //www.procurementleaders.com/news－archieve/ambank－deposits－sourcing－function－ in－the－cloud? highlight=cloud%20banking, Retrieved June 4, 2012.

［22］ ——(2010) Indagine sull "utilizzo dell" ICT in gruppi bancari europei con articolazione internazionale, CIPA and ABI, October.

［23］ Crosman, P. (2010) "BSandT survey: banks take to cloud computing", *BSandT*, *August* 16.

［24］ Fregi, F. (2011) "Ride the technology and social trends to innovate your way of doing business", *The Innovation Group Banking Summit*, September 29, Milano, Italy.

［25］ Arora, P. (2011) To the Cloud: Cloud Powering an Enterprise, McGraw-Hill, New York, NY, USA.

［26］ Fregi, F. (2011) 同上。

［27］ Henschen, D. (2010) "Bank Of America executive maps out cloud puzzle", *Information Week*, April 12.

第四章 云计算的治理

有了云计算，企业会将全部或部分 ICT 组织的直接控制交托给外部第三方。委托方保留监管第三方及其行为的责任。这一点对于金融机构尤为重要，监管机构（通常是中央银行）依旧为金融机构的不当行为负责。云服务带来了收益，然而，在使用云服务之前，企业应该积极主动地对这种选择带来的风险进行评估，如有必要，需考虑补救措施。云计算并不仅仅意味着转移资产以支持业务，还是一种伙伴关系，在这种关系中，双方意欲获取共同利益，分担风险，共享机遇。与任何一种外包关系一样，云计算也存在采购主体对外包业务缺乏了解的严重问题。这种合作关系容易遭受到双方地位不平等的威胁；凭借处理某些流程的技巧，其中一方会处于主导地位。特别对于云计算更是这样，这是因为一旦出现问题，企业则难以将已迁移至云的业务内包。金融机构要特别谨慎地对待云计算关系的治理。

要重申并强调的是，云计算并不仅仅是一项技术。它是一种截然不同的经营业务的方式。为了能够使用云服务，客户企业必须重新设计其流程；这是收获云服务全部收益的唯一途径。也就是说，向云计算迁移需要所谓的"精益和数字化"方法。[1] 要使用构成云计算基础的技术，就必须"精益化"那些将在云中获得部分或全部支持的流程。一旦完成了这个步骤，就难以回到之前的设置，唯一可能的选择就是选用另一家云服务供应商。这样的迁移随后又会带来自身问题，因为另一家供应商通常会为提供自己的云服务而要求其他类型的流程。

这种情况下，在做出使用云服务的决策前，必须考虑到各种可能的风险、设计有效的治理流程，并加以实施。

本章将分析如何设计云计算关系中的治理。云计算治理由一系列规则、流程和组织结构组成，目的在于确保与组织战略以及以下目标的实现相一致：

● 业务流程的有效性、效率以及经济（计划、行政管理、运营、交付等）。

● 资产保护与避免损失。

● 财务和管理的可靠性与完整性。

● 运营与法律、监管和监督政策、计划、准则，以及内部流程相一致。

一、计划与控制云计算

委托方承担保证服务/产品质量的责任（例如，满足客户和监管实体需求的能力）。组织必须确保云中进行的流程与组织内部流程一样接受同等程度的治理；这是确保合乎内部要求与认证的唯一方法，如 ISO9001 质量管理体系[2]。与戴明（Deming）的计划—执行—检查—行动（PDCA）模型一致，治理过程必须包括以下活动（见图 4-1）[3]：

● 计划。

● 监督。

● 检查成果。

● 采取后续行动以保证活动回到正轨。

● 不断提升。

图 4-1　PDCA 循环

治理的定义使我们了解金融机构应该如何管理与云服务供应商之间的关系。

这种方法需要将治理作为整体进行考虑；这不是一个独立的过程，而是用来界定和实施向云计算迁移的策略的工具。ISO9001—2008 质量管理体系更加重视能够对以下两方面产生影响的外包活动的控制与监督：

● 所提供的产品/服务的最终性质。

● 客户感知到的质量。

恰当的治理包括以下步骤（见图 4-2）：

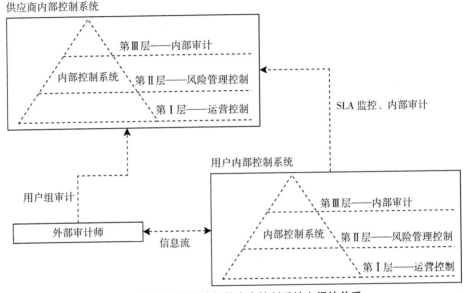

图 4-2 用户控制系统与供应商控制系统之间的关系

● 定义云服务供应商的控制体系。该活动非常广泛；它影响到组织的所有过程——定义、设计、开发、运营和监控 ICT 流程的不同阶段。它也包括对过程中的风险区域进行彻底分析。对于合适控制点的选取和关键风险指标（KRI）的界定应该是一致的。这应该是第一个层次的控制。云服务供应商在所有活动中都应遵循这样的流程。用户必须证实它的有效性并收到周期报告。

● 验证云供应商控制体系的充分性。该活动旨在评估整个内部控制体系的有效性。对组织流程以及其随时间发生的变化进行分析。有必要验证风险区域映射的完整性、补救和监控步骤的相关定义。这个环节的主要特征应是对供应商和用户组织的不同领域进行平行内部审计的综合过程。根据在这两个层面发现的过

失/问题，该过程使金融机构能够充分估计控制的有效性。这是第二个层次的控制。是由供应商经理在用户组织中承担的责任。

● 验证运营的规律性。这个环节由旨在发现异常趋势以及内、外部流程违反的审核活动构成。用户组织内部的审计部门应该定期或在特殊时期进行这样的审核工作。内部审计的开展与用户信息系统部门员工以及供应商内部审核人员相关。它是一个核实计划以及确认之前报告的异常情况是否已消除的复杂系统，包括远程或实地访查。

● 向用户的管理人员汇报对云服务供应商的监管。该活动包括定期向金融机构的管理人员以及董事会提交报告。报告提供当年活动计划的信息，包括优先事项、方法、目标等。同时对年内（季度、半年、年等）取得的进展进行报告。还应包括发现的异常情况以及采取的补救措施。报告必须指出可能的具体行动、组织或技术上的变化等。报告包括对云服务供应商和用户组织的控制系统的全面分析。分析的依据是之前的审计结果。分析还应包括对关键绩效指标和关键风险指标的评估以及它们发生的变化。最佳情形是，这些分析由第三方咨询机构做出并由供应商支付。

● 对结果和异常情况跟进。对用户和供应商为克服缺陷和薄弱领域所采取的行动和补救措施进行验证。用户和云服务供应商应采取合作以实现这一点。

二、数据处理监管义务

凭借云计算平台，金融机构不仅可以将它们的技术操作和资源外包给云，而且还可以通过在任何时间、任何地点提供金融产品和服务来提升它们改进流程和取悦客户的能力，同时大大减少了物理基础设施的规模。基于网络的移动金融服务在可用性和客户选用方面正迅速提升；技术的飞速发展和全球化在全球范围内引起了深刻变化。与此同时，这些服务又引发了与保护私人数据隐私相关的挑战。

全球化和技术进步导致复杂性增加。云供应商渐渐同时在几个国家运营，提供全天服务和帮助[4]。互联网使欧盟之外的供应商能够远程提供服务，它们也可以进行实时处理。在使用这些供应商时，在任何特定时间确认个人数据的地点以及所使用的设备并非易事。

云服务使用户可以在第三方提供的硬件上分享并存储数据或应用程序，这些数据和应用程序可通过互联网进行访问。这带来了成本控制和效率提升两方面的收益。然而，从法律角度出发，令人担忧的是进入并停留在云端的数据流。

当前，任何决定使用云服务的组织必须面对所在国的众多不同、通常是冲突的法规。欧盟尤其是这种情况，它有全世界最为严苛的数据保护法律。

国家标准与技术协会给出的云计算的定义有五个基本特征，其中之一就是"资源池"[5]。这指的是供应商的计算资源被集中到一起从而为多个用户服务的情形。因此，有一种与位置无关的感觉，因为用户通常无法控制——或者更确切地说，不知道——资源的确切位置；然而，用户能够在更高一级的抽象层面（例如，一个国家或地区）来确定资源的位置，如存储、处理、记忆、网络带宽和物理机器。

在云计算中数据可以存于云端，间或在用户不知道的位置之间迁移；而欧盟委员会规定，组织必须知晓自己数据所处位置并且在任何情况下都要遵循欧盟的规章制度。在某些情况下，云计算的这个基本特征是与欧盟委员会的规定相冲突的。

在很大程度上，云计算的成功取决于国内和国际监管机构如何通过法律来管理该事务。

（一）云计算与合规

当金融机构将部分操作和功能交给第三方时，最担心的就是遵守法规和相关风险。

金融机构进行大量投入或是为了合乎法规获取竞争优势，或是为了符合产业标准或规章制度。这些投入在向云迁移的过程中可能会有风险，如果供应商：

● 不能提供证据证明自己符合相关要求。

● 不允许用户进行审计。

糟糕的合规风险管理可能会导致[6]：

● 不能给用户提供审计或认证。

● 在多个司法辖区存储和传输数据，缺乏可见性。

● 缺乏标准技术和方案。

● 在计算资源使用方面缺乏完备性和可见性。

欧盟的金融机构可以决定将技术和运营外包给欧盟之外的云服务供应商。在决定这样的交易之前，金融机构必须评估：

● 云服务供应商保证完整性、安全性、传输能力和可靠性的能力。

● 云服务供应商保证遵循金融服务适用法规的能力。

● 最重要的是，遵守欧盟机构的法律法规，特别是数据保密条例。

在国际层面，目前最相关的法规是：

●《金融工具市场指令》（MiFID）。

●《美国萨班斯—奥克斯利法案》。

●《巴塞尔国际协议》（全部系列）。

●《国际会计准则》和《国际财务报告准则》（分别是 IAS 和 IFRS）。

●《支付服务指令》（PSD）。

● 2014 年 2 月 1 日起全面生效的《标准欧洲支付区协议》（SEPA）。

●《国际安全港隐私保护原则》。

●《欧盟数据保护指令》[7] 和《私人数据自动处理相关的个人保护协定》（ETS 协定，第 108 号）。

下面几段将尝试阐明一些法规的要求；我们建议读者从法律顾问那里获得更准确的信息。

对于金融中介机构而言，MiFID 的执行[8] 是非常复杂的，需要从组织和技术两方面都付出极大努力。特别是在金融机构决定使用云服务的时候。从组织角度出发，金融机构必须做到以下两点：

● 对前端处理、支持和治理功能做出重要修正。

● 量化并执行治理功能的投入（合规、风险管理和内部审计）。

从技术角度出发，以下方面影响会更大：

● 与供应商一起审阅《服务水平协议》。

● 建立新的数据管理系统。

● 如有需要，审查并准备向客户披露新的信息[9]。

在执行《美国萨班斯—奥克斯利法案》(SOX)[10] 的时候，不仅会对公司的财务方面而且对存储电子档案的 ICT 部门都产生影响。SOX 规定，包括电子记录和消息在内的所有商业记录，都必须保存"至少五年"。违反此项规定，则处以罚金或监禁。ICT 部门不断面临着以成本有效的方式创建并保管公司记录存档的挑战。在这样一个前提下，实施云方案变得困难，因为云方案的前提是"按需"且快速的服务使用。

《巴塞尔协议》的目的是确保金融服务体系的稳定性，同时改变金融机构与客户之间的关系。《巴塞尔协议Ⅱ》规定了对金融机构的资本要求。在此基础上，遵守该协议的国家的金融机构，应根据由评级工具测得的各种信贷关系风险保持一定比例的股权。《巴塞尔协议Ⅱ》根据金融机构承担的（市场、信用和运营）风险规定资本要求。《巴塞尔协议Ⅲ》的规定更为严苛。

《单一欧元支付区》(SEPA) 规划了一个区域，该区域内的客户、公司和其他经济运营者可以不受地理位置限制，在某一国境内或境外用欧元发起或接受付款。在这两种情况下，基本条件、权利和义务都应相同[11]。SEPA 致力于提升欧洲整合与市场效率，这将进一步推动金融机构使用云服务。SEPA 假设所有的零售支付都是"国内的"，认为在欧元区的境内支付与境外支付没有区别。SEPA包括：

● 统一支付工具（银行转账、直接借记和支付卡）。

● 处理欧元支付的欧洲基础设施。

● 技术标准与一般商业惯例。

● 统一法律基础。

● 新的、不断发展的以客户为中心的服务。

《国际安全港隐私原则》是美国商业部与欧盟委员会商议的一个方案。委员会承认，公开签署该方案的美国企业为私人数据提供适当保护。因此，对于美国企业而言，美欧安全港是一个遵循保护私人数据的《欧盟指令 95/46/EC》的简化流程。采纳安全港方案的企业，除其他事务以外，还必须将处理目的和可能的转移告知给被收集数据的主体。企业必须给个人提供不将个人数据披露给第三方的机会。此外，遵循该方案的企业必须确保个人能够根据合理依据来访问所有关于自己的数据。这样的协议为处理数据提供了具体限制。在云计算处理数据时，这种协议并不自动有效，因为：

● 并不是每一个欧盟成员国都将该协议纳入了自身法规体系。

● 纳入该协议后，欧盟成员国可以自愿地在转移发生之前对转移和操作处理进行必要检查。成员国既可以检查这些标准的实施情况，也可以采取措施来阻碍或禁止转移。目前尚不清楚在这种情况下该协议是否适用于云计算服务条款[12]。

●《安全港协议》，以及它关于将数据转移至美国的管理规定，不能扩展至欧盟之外的国家。

另一个重要动力来自《欧盟条约系列》（ETS）第 108 号公约[13]。第一条阐明了主要目的：

保证……每一个人，不管他的国籍或居住地，在自动处理与他相关的私人数据（"数据保护"）时，尊重他的权利和基本自由，特别是他的隐私权。

对于所有签订了该协议的欧盟成员国，它都是有效的。它对一些重要问题做出了规定，例如：

● 接受自动处理的数据的质量。

● 数据安全。

● 跨境数据流。

● 欧盟成员国之间的互助原则与合作[14]。

需要由政府和国际机构来主动应对云计算环境带来的特殊挑战。

上文提及的法规和监管机构，以及其他适用法规，都揭示出金融机构在选择云服务供应商时应进行大量审查评鉴。至少，它应该采取合理措施来管理并监控第三方供应商是否遵守适用的政策法规。

在最近一次与议会的沟通中[15]，欧盟委员会指出云计算和社交网络都是新兴事物。欧盟关于 ICT 体系内数据保护的监管框架亟须修正。需要修订现有法规以适应个人数据共享和管理方法，事实上，后者的发展已经严重影响到现有法规的系统密闭性。

研究证明，资料保护监督机构、商业协会和客户组织的观念出现趋同。与网上活动联系在一起的隐私和私人数据风险都在不断上升。[16]

有必要对现有数据保护法律进行干预，使其能够应对市场在云计算领域发起的挑战。与此同时，云供应商竞争力存在诸多相关因素，包括：

● 可见性，在建立合约关系时（关于数据中心的选址以及隐私政策），以及在这种关系维持过程中（通过及时通知任何没有授权的访问）。

● 在安全措施方面提供充分保障（通过认证机构）。

● 出现非授权访问、盗窃或丢失数据时，提供充分保障和惩罚。

（二）私人数据本土化与转移

从监管者的角度来说，最终，依据适用法律法规处理客户、员工和供货商的私人信息是金融机构的职责。要达到这个效果，至于信息是存放于内部系统或是第三方供应商的系统都不重要。

云计算与一系列严肃、复杂的隐私问题相关。

为了对云计算引发的特定隐私问题进行有效讨论，有必要区分两种云结构：

● 境内云（有时被称为主权云）。

● 跨境云。

境内云的全部云实体位于同一国家内。境内云不会引发任何跨境问题。然而，这种云还是会引发隐私问题，例如：

● 数据的收集工作是不是以恰当方式进行的。

● 数据是否被恰当使用。

● 数据是否只在适合披露的地方被披露。

● 数据是否被安全地存储和传递。

● 数据需要被保留多长时间。

● 数据用户可以访问以及修改数据的条件。

● 数据拥有者是否被充分、恰当地通知。

对于所有的云服务，组织都应该考虑这些问题，无论是不是境内云。当云跨

境作用时，产生了更多的隐私问题。在处理这些问题时，有必要对以下两类问题加以区分：

● 与跨境云服务供应商相关的问题。

● 与跨境云服务用户相关的问题（例如，使用跨境云服务的金融机构影响了客户信息）。

西方国家和一些欧盟国家为保护私人数据开发了监管体系，这些体系罕在其他国家见到。在这种情况下，对于云服务供应商，使保护私人数据的合规需求与数据和应用程序的优化地理分布相一致是非常复杂的。这特别适用于欧盟国家，依据"区域性原则"，这些国家的法规要求更为严苛。

此类法规的一个例子是"关于处理私人数据时保护个人以及此类数据自由流动的欧盟指令 95/46"。[17] 该指令具体规定了收集、记录、使用和传播信息的方式。它对数据向欧盟之外的国家物理转移有具体要求。

该指令的条款 2（a）是这样定义"私人数据"的：

与辨识出的或可辨识的自然人（"数据主体"）相关的任何数据。自然人指的是可以直接或间接地辨识出的人，特别是通过参考辨识号码或外表、心理、精神、经济、文化或社会身份这些具体要素。

该指令的条款 2（b）将"处理私人数据"定义为：

私人数据的处理意味着，对私人数据进行一次或一系列操作，无论是不是通过自动化手段，例如，收集，记录，整理，存储，改写，检索，查询，使用，通过传输、传播或其他可用方式进行披露，校对或合并，封锁，删除，或破坏。

对于此类数据的自由移动，该指令的条款 25 规定：

欧盟成员国应规定，只有在第三方国家确保提供充分保护的条件下，不违背与指令其他条款一致的国家规定，才可以向第三方国家转移正在进行处理的或打算转移后进行处理的私人数据。

条款 25 在隐私保护中起了关键作用。事实上，许多欧盟国家的法律禁止向欧盟之外的没有提供充分保护的国家转移私人数据。除非组织在转移数据之前采取了充分的数据隐私保护措施，包括那些带有合约性质的措施。此类规定大大限制了跨界云服务可被使用的程度和方式，要求云服务的用户必须清楚云服务在某个具体云中的地理位置。这条法律引发了法律注重地理位置与云计算无所不在的性质之间的根本性紧张关系，而这种紧张关系则代表了阻挠云计算普遍使用的最大障碍。云服务供应商应使欧洲金融机构能将数据仅存储在欧盟境内的服务器上。因此，云服务供应商的未来之路似乎就是开发有地理限制的服务（所谓的主权公共云）。此外，在欧洲内部，尽管存在共享的核心原则，但是不同国家的具体规定还是有所不同的；这是因为欧盟成员国在将欧盟指令纳入自身法律体系时所采取的力度不同。欧盟成员国之间对于强制数据拥有者完全遵守私人数据法律的相关要求也是不同的。

这个问题应从全球角度出发来解决。市场上充斥了云服务供应商，欧盟境内和境外各国的数据中心网络可以构成云。因此，首要问题是要理解：

● 在数据保护方面，法律监管与供应商的关系。

● 法庭应判决任何触犯法律的供应商。

因此，云计算是观察法律与技术发展之间关系的有趣环境。一方面，正如上文介绍的一些法规有合理的目的；另一方面，它们不可避免地限制了云计算这类方案的普及。这种情形突出强调了此类法规现代化的需要。

三、治　理

在使用云基础设施时，金融机构有必要将影响安全的控制权交给云供应商。例如，《使用条款》可能禁止通过端口扫描、漏洞评估、渗透测试来检查安全工具的质量。或者用户的安全流程与云环境的环境流程存在冲突。另外，《服务水平协议》（SLAs）或许没有承诺由供应商提供这种服务，使安全防护体系存在缺口。

就云计算而言，将数据从本地计算机转移至第三方的远程系统，除了潜在收益，还有下面三点值得注意：

● 通过将数据交托给远程供应商，金融机构失去了直接的独家控制。

● 金融机构选用的服务可能是其他供应商提供的服务的一系列变形结果，

这些供应商可能与机构最初缔约云服务的供应商不同。因此，金融机构在面对多种责任时，不一定总能知道哪家中介服务运营商能够访问特定数据。

● 在缺乏网络连接质量保证的情况下，服务在流量高峰时可能间或降级。甚至在异常事件发生的时候可能会中断服务，如发生网络故障。这种情况会暂时导致不能访问某些或全部数据。

重要的是，要察觉云服务供应商何时将服务外包或分包给一个或多个第三方。对于提供的服务，这些未知供应商可能不承担遵从法规的义务。另一种情况可能是，随着云服务控制的改变，服务的条款和条件也发生改变。

治理的丢失可能会导致：

● 不能遵循安全要求。

● 缺少保密性。

● 数据的完整性和可访问性存在问题。

● 性能和服务质量下降。

● 合规遇到挑战。

在云计算情境中，供应商经理的工作在用户组织结构中是非常重要的。她/他执行下列任务：

1. 基本任务

● 管理合约以及在服务过程中可能出现的任何问题。

● 从技术和功能角度管理各方的行政管理和技术关系。

● 核实是否符合所商定服务的范畴与特点，授权支付供应商款项。

● 控制供应商提供的服务水平。尤其要核实是否遵守签订的《服务水平协议》。

● 核实供应商活动的月报。

● 每日核实批处理程序是否定期运行。

● 向职能和控制部门汇报出现的过失和异常情况，如有必要，向董事会汇报。

● 联合供应商升级并定期运行灾难恢复与业务持续计划，与供应商就相关程序达成一致。

● 管理并赞同提升组织所要求的服务和功能。

● 与供应商一起不断改善所提供的服务。

● 跟进供应商召开的会议，从而达到汇报和提升服务的目的。

2. 检查直接应用程序

以下是与金融机构结构有关的控制：

● 管理并控制网络访问与用户信息。

● 使用追踪软件对系统管理员进行操作控制。

● 以抽样方式定期核实是否尊重客户、员工和供货商的数据隐私。

● 建立丢失数据收集库，与内部审计一起监控运营损失。

● 在报告的管理与处理过程中支持金融机构风险管理委员会。

● 支持公开披露的起草（《巴塞尔协议Ⅱ-Ⅲ》）。

● 成为云服务供应商认证（例如，SSAE302）的接触点。

四、云计算控制

（一）风险管理

金融服务拥有极重要和/或机密的商业信息。因此，考虑到失去对数据控制的可能以及所有相关风险是非常重要的。

如今金融机构必须更加关注优化组织流程，以及根据金融机构的效能、效率、经济状况引入特定方案。

凯捷（Capgemini）咨询公司的副总裁 Schiaffonati 强调[18]：

风险管理在管理过程中发挥着越来越核心的作用。风险经理不再是风险水平的单纯控制者，也不再是管理高层和董事会的信息提供者，而是逐渐成为积极参与战略决策的权威性合作者。

在与云服务供应商签订合约前，定期进行风险管理评估是重要的。其目的在于：

● 尽可能地识别出所有风险。

● 确保所有潜在问题可以被尽快解决。

● 找到阻止风险成为现实的方法，消除导致风险的原因，从而消除风险在云服务使用过程中成为实际问题的可能性。

● 规划防御性和应急性行动方案，以削弱风险实现带来的影响。

● 提升在风险可能变为现实时发出相关警报的能力。

表4-1总结了风险管理的基本步骤。

表4-1 风险管理步骤

步骤	描述
步骤1	识别风险：识别并描述在云服务实施和使用过程中所有可能发生的事件
步骤2	量化风险：评估步骤1中识别的每个事件发生的概率、潜在的影响，以及预先警报的可能性
步骤3	识别和实施应对措施：界定有助于缓解风险及其影响的行动方案
步骤4	监控：在云服务使用过程中，采取预防性措施，评估服务带来的收益并尽可能升级原始方案

前三个步骤用来生成云服务质量规划中的报告。组织应该在项目之初的规划阶段进行识别、量化，并设计应对措施。这些步骤在云服务供给的生命周期中不断重复，从而确保永久控制每一个风险。它有助于提高迅速采取防御性措施的能力，从而降低风险发生的概率与潜在影响。

（二）认证

在对云服务供应商进行评估的过程中，需要对其资质进行识别，从而缩短签约控制和审计这个阶段。下文列出了一些相关认证。云服务供应商提供的服务特性、其所应对的市场类型、组织的规模、表明认证用于确保：

● 供应商使用的流程正确，而不受员工知识/经验的限制。

● 控制方法不仅是正确的，而且总能得到认真贯彻。

一些有效的认证如下：

（1）欧洲标准系列 EN ISO 9001/2008，由欧洲标准 EN 450000 EA33 "信息技术"认证机构颁布。

（2）ISO/IEC 27001：2005，就安全角度而言十分重要。

（3）ISO/IEC 42010，关系到系统和软件工程——架构描述。

（4）ISO 27001 主审核员，针对员工资源。

（5）由硬件、软件供应商认证的人员。

（6）在 ICT 治理领域通过认证的员工资源。

（7）SOC Ⅱ 注重对信息系统的综合控制（"综合计算机控制"），通过使用 COBIT 框架检测（《信息及相关技术控制目标》）。COBIT 是由美国信息系统审计与控制协会（ISACA）发布的。它确认了信息系统综合控制中的四个域名、34 个 ICT 流程和 214 个控制目标。

美国注册会计师协会（AICPA）定义了三种报告类型[19]：

● SOC-1 或 SSAE 16，代替了 SAS 70。它仅涉及会计系统。

● SOC-2，更是一种技术报告，关注一个或多个要素（安全性、可用性、完整性、保密性和隐私）。一份题为《信用服务准则与标准》的文件描述了相关控制。

● SOC-3 是对 SOC-2 的总结，用于出版。它类似于 ISO/IEC 27001，带有可以在供应商网站发布的标识。

可以在网站上找到更多、更准确的细节。

（8）云服务必须包括不同类型的数字认证：

● 用于签约。

● 用于网上交易。

● 用于加密。

● 用于管理认证电子邮件和数字签名。

● 用于服务器认证。

（9）还有一些刚刚出现的云安全标准 [例如，《云安全联盟》（CSA）、《共享评估计划》《联邦风险和授权管理计划》（FedRAMP）]。这些标准在将来也许会成为认证方案。

（三）合约

治理云服务供应商的一个基本工具是合约。为了确保云服务合约内容清晰、能够实现选择外包活动及流程的目的，应该既综合又独立地对待各个方面。这样就可以避免不清晰甚至矛盾的情形。在与云服务供应商协定合约时，重要的是对云计算方案有明确的业务目标。有必要考虑到一些基本情况[20]：

安全管理要求计划和控制系统：

● 用于缓解关键供应商漏洞，识别并选择备用地址（或供应商）以便在服务中断的时候重新部署。

● 用于减少对某一个供应商的依赖，选择其他供应商提供灾难恢复服务。

监控并管理《服务水平协议》：

● 无论是供应商还是用户使用软件自动监控 SLA，都是有意义的。这是一种能够动态、低成本地测量所需服务的快速、有效方式。

● 用户组织或许希望使用外部顾问来监控服务。

1. 云服务合约的重要性

与供应商协商合约是云服务治理中的重要部分[21]。在一次云计算全球峰会上，30%的与会者报告了云计算项目带来的负面结果；他们未能实现目标。失败的主要原因是用户与供应商之间关系的建立和管理不正确。导致这种负面体验的一个根本原因是，云服务使用不断增加，而组织管理合约及其复杂性的能力却没有相应提高。因此，对于每一个甄选出来的供应商，组织都应该：

● 检查其业绩记录、财务状况和稳定性。

● 获得所考虑的服务的书面报价。

● 了解管辖合约实施的法律。

● 协商数据的所有权，当合作关系终结时有权保留数据，并商定数据返还时的形式。

● 对于关键应用，在出现供应商失灵的情况下，获得源代码的权利（以便运行系统）以及收回所有数据（包括历史数据）的权利。

协商和签约的影响常常被低估。一些组织让供应商来拟定合约，但这可能导致复杂的供货合约由简化且不充分的条款来管理，通常更倾向供应商。服务和活动的协商、签约过程是高附加值的过程。它们是与供应商建立良好关系的关键，使合约管理更为顺畅，避免双方关系紧张。与供应商的合约协定必须关注服务的范围与界限。但是很少有合约会清楚界定角色与职责，有时会完全或者部分涵盖诸如《服务水平协议》之类的主题。甚至更糟的是，它们不包括定价模型或变更管理的描述（例如，以何种方式、何时进行转移、终止等）。至于合约文件中的管理问题，能够确保最佳结果和优化努力的方法是金字塔状的。其底层基础是《主服务协议》（MSA），代表了双方在合作关系生命周期中可以参照的法律架构。MSA 应包括以下条款：

- 目标。
- 持续时间。
- 合约终止的原因及其带给用户的影响。
- 治理：
  - 治理体系。
  - 用于监控服务的审核机制，特别是关于数据隐私的。
  - 供应商和用户的责任[22]。
  - 明确供应商与任何可能涉及的代理商或分销商之间的关系、权利和责任。
  - 组织的财务状况（站在供应商的立场）和供应商管理（站在用户的立场）。
- 保密。
- 责任，特别是与数据丢失有关的责任。合约应该清晰明确地说明弥补什么样的损失，以及如果用户同意支付更多或使用另一个服务程序包，供应商是否会提高补偿。
- 供应商应有的保险。
- 所用系统的所有权和遵守公认的行业标准。
- 对于单方改变合约内容的限制。
- 无自动续约。
- 法律条款，尤其注重对治理法规和地点的选择。

《主服务协议》不处理程序或操作方面；这些应界定在附录中。不过，MSA

应包含从程序和功能角度出发，对于云服务生命周期的所有元素和阶段的详细描述，涵盖从将活动转交给云服务供应商（项目规划与转移）到合约终止时的所有活动与责任的界定。为了能够有一个综合合约框架，MSA 的主要附录有[23]：

服务范围：

● 以一种清晰但不刻板的方式，辨识云服务供应商必须操作的领域和业务流程。

● 对服务进行全面且准确的描述：辨识、描述将被提供的功能、技术和服务。

《服务水平协议》：

● 界定每一种服务相应的《服务水平协议》（SLA）。它们应基于可清晰测量且相关的概念。有一套参数以具体、量化的方式来测量被提供的服务水平。未达到 SLA 的要求，将招致处罚。数额相当于失灵在服务水平协议所占的比重。

● 如果《服务水平协议》的条款没有得到满足，用户和供应商可使用补救措施和处罚。

● 《服务水平协议》如何随时间发生变化。

● 持续提高和创新的方法与目标。

定价模型：

● 基本费用。

● 提供的服务水平，转向另一种服务水平的费用。

● 变更要求的费用。

● 随时间发生的通货膨胀或生产率下降。

● 进行市场上最好的基准管理。

● 合约自然终止后续约的成本。

数据管理：

● 数据的合法所有权和访问权。数据应该总能够被访问和保存。

● 金融机构的顾客、供应商和员工的权利。

● 数据的地理分布和数据转移。

● 在执法时将私人数据与其他数据区分开。

● 数据保留、存储和删除协议。

安全性与合规性：

● 灾难恢复和业务延续协议，包括备份的频率和存储地点。

● 安全协议、数据分类系统、数据加密标准和应用（在传输途中或存储中），由供应商报告安全事故和在事故中提供支持。

● 具体说明要遵守的法规要求，以及表明遵守法规和认证的协议。

● 关于由供应商向用户报告服务水平协议缺口的协议。

● 项目迁移。

● 维护标准、流程和时间表。

终止合约：

● 在合约终止时，供应商提供协助流程；要避免所谓的锁定情况发生。这个术语指的是用户对供应商的依赖，这种依赖不能过度。换句话说，它不应阻碍更换供应商，从而迫使用户在合约更新或终止时接受不公平条款。

● 承诺在终止时删除用户所有的数据、文件和程序。

2. 法律问题

云计算中，金融机构在云端传送数据、程序和业务流程。它们必须确保合约是可靠的，并且完全遵守施行的法律法规。同时必须确保法律和执法体系以及司法配置，使云服务的提供健全、可靠、可信。

例如，设想有一家欧盟机构接受欧盟境外供应商所提供的服务。服务器位于另外一个国家，由于该国具有受到国家法律支持的严格法律基础，可能会使该国司法机关强制要求提供证据，访问数据或扣留数据。相比之下，在涉及同一数据库时，该机构所在的国家司法机关只有通过复杂的跨国申请才能达到同样效果。

在极端却可能的情形中，金融机构在多个国家运营，情况甚至会变得更加复杂。要求和报告会变得复杂并受多个司法机关管辖。苛刻且无法抗拒的监管要求减少了云服务的认知收益。在这种混乱的情况下，确定或管理云计算的特性、功能、服务、应用程序、数据库等变得困难，即便不是不可能的。

结果就是，在多个国家运营的组织会面对境外司法索赔以及境外隐私法生效。

类似地，云服务供应商在多个国家提供、使用服务时，也受到这些国家的法

律约束。在这种不清晰的情形中，需要有决策权的欧盟管理者适当介入、阐明立场。

（四）控制运营计划的治理和定义

在云服务的供给中，可能有项目包括了早期的迁移计划、终止时的移交计划等，此类情况中相关控制必须到位。它们关系到运营计划的治理和定义，以及ICT项目的整体管理流程。它们必须包括对绩效和每一项计划活动的成本的准确了解。所有这些要素都应包含在大型组织的战略计划中。系统中的变化或修正必须是前后一致、相互配合的一系列活动，以确保实现用户的组织目标。它们通常是工作说明的一部分，由用户和供应商共同商定。在这种背景下，重要的是：

- 定义不同层面的角色和责任。
- 参照合约或具体要求，遵循合适的项目管理计划。
- 确保适当的信息交换。

目的是为处理项目实施过程中可能出现的各种问题做好准备。用户组织必须将一系列行动落实到位，以便充分满足控制系统的要求。所采用的普遍标准应基于可靠、专业和及时原则。

- 可靠：工作说明应界定个人领域和特殊服务的引荐，担任具体任务和职责的相关人员具备能力和相应经历、对合作持积极主动态度。这一点为金融服务机构找到可靠合作伙伴提供了一定保障，它们可以向伙伴提出要求，为云服务提供过程中出现的问题寻求解决方案。

- 专业：云服务提供者的需求包括多种技术与活动。这就要求云服务提供者具备多种技能和经验的专业资源。

- 及时：供应商需要做出承诺，能够在尽可能短的时间里提供专业资源。这样，就可能：

  - 克服在组织内部运行外包系统或流程的局限性，获取管理最大的灵活性。
  - 尽可能独立地管理供应商资源以应对变化。

组织模型必须能够保证项目的整体成功。如果模型能够实现以下几点则是理想的：

● 利用所有关于如何实施计划活动的说明进行充分编译。

● 提供双方组织管理层的直接接口。这将确保在进行涉及双方的决策时能够最大限度的容易和简单。

● 确保资源管理的充分灵活,以便:

  ● 处理金融机构任何未预料到的且不能被耽搁的需求。

  ● 管理供给过程中出现的重要情况。

● 通过共享特定技术,进一步增加重要价值,从而确保用最优方法来实现。

  ● 功能整合的结果与系统整体的功能设计相一致。

  ● 所提供的产品/服务的公平性。

在用户和云服务供应商之间必须存在一个治理结构层,以保证服务质量百分之百的一致性。以一种积极主动的方式和协作能力来控制、计划和监管服务是非常重要的。目的是更好地代表用户需求。这个结构的任务是:

● 确定服务的目标和质量,由用户和供应商共同商定。

● 界定组织模式和每一个流程的实施。

● 发展和/或巩固服务的组织结构。

● 计划产品和服务的实施与交付。

● 估计实现预定目标所需的资源和时间。

● 执行工作计划,动态分配人力资源、物流以及工具性活动。

● 监控并测量结果。

项目管理办公室(PMO)应按照合约治理项目,这一点很重要。在早期迁移和项目提升阶段,这个办公室必须:

● 为项目团队提供支持。

● 界定并遵循效益和效率标准。

● 记录项目各个阶段。

● 监控实际情况。

● 辨识并评估潜在风险,以及可能出现的问题。

● 建议可能的修正措施和方案。

项目的控制系统。任何项目（如迁移）的效益都是由以下工具持续监控的，应由云服务供应商为用户提供：

● 按照项目计划，定期监控活动进程（按实现的目标付款）。

● 严密控制两个环境之间的数据映射和迁移。云服务供应商应为用户提供所有的必要工具。以这种方式，金融机构可核查和核证新系统中被迁移数据的正确性。标准验收方法取决于迁移数据的回收数量和对迁移系统完成功能检测。

● 认证个人数据流的迁移，包括解释差异。云服务供应商为用户提供所有用于核查和核证每一个"迁移"流中数据正确性的必要工具。

● 项目计划指定的工作组参与进来，负责数据的正确迁移。为了保证迁移成功，如果出现关系到实现组织协作的问题，可立即升级至指导委员会。

● 与用户共同制定活动清单，并在迁移过程中进行核查，由供应商先前使用过的模板生成。

（五）对运营管理的控制

"ICT 运营管理"这个术语是指，对 ICT 服务的交付和监控进行管理。其中包括核实云服务供应商是否提供了适合的服务。下列段落介绍了控制和核实服务质量绩效效益的方法以及相关流程。测量体系和方法是服务的一部分。下面简要介绍所使用的工具。

1. 汇报系统

对服务的整体汇报应该基于由处理系统记录和日志生成的系统活动数据。每天收集度量数据，将其载入单一数据库，定期检查和查询该数据。统计应用软件有助于完成这些任务。云服务供应商所使用的统计系统必须具备一定要素，使用户能够监控、查看、核实和调查与被管理信息系统相关的数据和事件。这是一系列广泛的统计对象，包括用户管理的常用统计数据，例如：

● 平衡计分卡（BSC），包含流程、功能和部门层面的明细信息。

● 用于对浪费的可能指标进行拓展分析的统计数据。

● 计算机性能（例如，MIPS，无内部互锁流水级的微处理器），以及在流程/使用者层面挖掘的每月和每日交易数量。

● 运营统计数据（在事件发生不久后得到）。

● 大宗异常终止的交易，带有展示完整交易的输入项的选择。

● 运营管理，包括对服务器和技术支持活动进行运营控制的统计数据。

监督与处理系统相关的管理活动的阶段：

● 控制团队、控件基础设施、存储管理、系统监控等的运营支持。

● 开放和关闭系统的管理流程，与实际情况的需要相一致，基于用户提供的信息。

● 核实操作顺序的正确性。

● 流程的实现。

● 系统日志。

● 激活与关闭系统资源。

● 对搁置系统要求的回应。

● 系统的运营活动（硬件和输入处理机器人等的安装与删除）。

● 操作系统及其配置的管理。

● 跟踪用户可用的所有活动。

● 关于系统或服务状态的信息。

控制系统必须：

● 开发/更新系统的启动/关闭流程。

● 开发、检测（明确地），以及运行控制系统、数据库和 TP 监控管理软件。

● 开发并检测（明确地）控制基础设施组件的流程和工具，例如，硬件和软件、使用主存储器、文件系统、控制器、物理/虚拟磁带库机器人单元功率、广域网接口、操作系统流程和子系统（如 DB2）。在难以测定故障应用程序的根本原因的情况下，来自监控程序的信息在确定和解决问题的复杂过程中是非常重要的。

● 全天候报告信号误差、异常现象以及与以下操作相关的普遍问题：

  ●技术组件（硬件、操作系统、子系统、广域网接口等）。

  ●备份和存档流程。

  ●硬件控制程序。

所有系统的每日文档都应该可以被下载并载入数据库。应按需求生成硬件/软件控制报告。云服务供应商的运营团队必须检查系统状态。一旦出现严重错误，他们将召集硬件、软件或网络供应商的维护团队。与此同时，他们应提醒用户组织及其供应商经理。

2. 监控、管理和控制的工具

云服务供应商必须有一系列工具可以对应用程序的操作进行调查。为了优化性能与资源消耗，供应商的工程师应能够为维护区域提供信息，首先要对这些工具得到的数据进行细致分析。供应商对系统组件和应用程序组件的性能定期进行检查，然后进行存储。供应商定期将分析结果发送至系统设计者和应用程序领域。必要时，这些领域对系统流程和应用程序采取措施，以便优化所使用的资源。用于实时监控系统的服务应进行以下操作[24]：

● 主动监控服务交付，包括反应时间和运行中断。这种监控应具备适当的频率和覆盖率。

● 开发在服务交付没有达到标准的情况下重新部署备选地址的方案。

● 培训计划中的用户团队，并进行演练。

● 监控收集关于系统中资源使用的信息。

● 监控收集关于交易处理服务的信息。生成关于交易组的关键反应时间、每笔交易或整个系统的服务器使用的报告。

● 生成故障日志。

批处理应该受到监控并采用由自动排序系统提供的标准工具。在用户认为必要的情况下，供应商提供高级方案来监控夜间分批排序，并通过识别关键路径对处理步骤的持续性提供估测。在用户不能使用系统时，这对于有夜间或维护窗口的服务特别重要。

（六）对维护和支持的控制

对 ICT 维护和支持的控制，是指计划、开发和监控硬件、软件、网络以及其他任何云服务的技术支持和管理，以确保客户满意。它应包括：

● 校正性维护，用于删除错误和/或失败（阻塞，或不阻塞），或在出现错误和/或不一致时恢复功能。在一些难以处理的情况里，供应商应提供一些变通方案。

● 除了合约规定的服务，还提供服务的所有变化形式；以《服务水平协议》为依据。

● 基于适用标准的控制系统。

使用三种工具来**监控和验证服务的效能与质量**：《服务水平协议》、调查，所有/开放票据的统计数据：

● 有必要证明遵守了合约约定的服务水平（SLA）。这表示参照了"理想"状态，该状态是与用户一同商议制定的。

● 对所提供服务的质量每年进行审核。可以通过所有用户每年提交《服务满意度问卷》实现。最好由独立的第三方收集问卷。问卷应触及供应商提供的服务的各个方面。问卷调查有助于制定人员、流程和系统的提升目标。

● 定期对服务中票据报告的问题进行统计数据检查。这个流程有助于提升补救措施的有效性和准确性。同时，它对于准确测量服务所需资源是有用的。

五、安全性

数据资产和信息的保护是运营层面的一个重大要求。特别是因为云服务供应商管理的数据可能是私人的、敏感的，并/或重要的。用户必须特别注意云服务供应商采取的安全措施；这些措施非常重要，而供应商却往往没有足够重视。

供应商必须有安全手册，手册包括目标和原则，为服务的安全规则、规章、操作流程和组织安排提供了依据。

安全问题主要分为两大类：逻辑的和物理的。

● 物理安全通过采取下列措施以实现企业资产的保密性、完整性和可用性。

　　● 主动的（系统能够发现和报告突发事件、遏制其发展，并为专门人员提供协助）。

- 被动的（通常指具有物理性质的措施，用来被动抵御潜在危险，尽可能地推迟其影响）。

- 组织的（由外部守卫、警察或员工使用一系列预防和控制流程，旨在更好地利用已安装的防御系统）。

● 逻辑安全通过使用下列措施以获得数据和信息的保密性、完整性和可用性。

- 技术的（用于系统访问控制、杀毒、防火墙、入侵检测系统等）。

- 组织的（政策开发、安全、用户归档和相关评级等）。

- 流程的（为了安全目的要遵守的程序）。

控制系统应允许授权用户通过身份认证单点登录进行访问。用户的安全人员应集中管理访问配置文件的定义。

安全性必须确保措施的一致性，以达到遵守法律规章制度的目的。访问必须通过登录才能进行，且应受到授权人员的检查。安全办公室能够提供文件来描述用户进行的活动以及任何用户的安全违规，特别是系统管理者的违规。这样的文件分析区分了单一视角与管理变化。通过可能的文档，用户可以为使用者界定任何层面的能力。物理安全的前提，也就是云服务供应商的安全，也是非常重要的。云服务供应商的安全措施也应包括：

● 制定控制进入大楼和受保护空间的规章制度。

● 与"行政管理"合作（行政、财务、采购、基础设施管理和秘书处），确定使入侵检测系统和远程监控（闭路电视）生效的结构和流程。

需要遵守一些规章。值得关注的一个例子是《2002年联邦信息安全管理法案》["联邦信息安全管理法案"(FISMA)，《美国法典》第44章第3541节]；这是2002年颁布的一部美国联邦法，是《2002年电子政府法案》的第三章（公共法107-347，116号法令，2899节）。该法案承认了信息安全对于美国的经济、国家安全利益的重要性[25]。法案规定每个联邦机构都要开发、记录和实施在整个机构范围内适用的项目，为支持机构运营和资产的信息与信息系统提供信息安全，这些项目包括由其他机构、承包商等提供或管理的项目。

FISMA使联邦政府开始关注网络安全。它明确强调"基于风险的成本有效安全策略"。FISMA 要求机构项目官员、首席信息官和总监（IG）对机构信息安全项目每年都要进行回顾。2008 财政年，政府信息技术总投资约为 680 亿美元，联邦机构使用了其中的 62 亿美元，占 ICT 组合总支出的 9.2%[26]。

六、技术工具

云服务供应商在管理活动时应遵循《信息技术基础设施库（ITIL）指南》，该指南以《ICT 服务管理（ITSM）》[27] 中的最佳方案为灵感。它们为优质 ICT 服务和流程以及所需资源提供指导。对于宏类别服务的具体交付，云计算运营管理控制必须使用用户提供的工具和标准：

● 修改计划必须通过项目计划和控制包（例如，MS Project、Primavera、Open Project 等工具）实现。

● 对流程、要求和设计的分析可以使用符合标准 UML2.3 和 XMI2.1 的工具（例如，2011 Altova U 型模型、Magic Draw）。

● 配置管理（CM）可通过使用某个具体系统进行。

● 可使用知识树之类的工具进行监控。

至于审计（治理的第三个层面，如本章开篇提到的），非物质信息的内在特性要求使用专门的方法和工具。计算机辅助审计技术（CAAT）包括使用通用软件进行分析和检测，有助于进行审查（ACL、IDEA，用于数据库管理服务器或主机、访问等的软件）[28]。用户进行审计时，建议使用这些工具。

七、沟通管理

云服务供应商的文档要为运营管理提供支持（计划、应备文件、手册、说

明、使用案例等）。必须用恰当的工具对文档进行管理。

用户与云服务供应商之间的沟通和协作管理必须优化，可通过使用计算机工具的功能实现。

应该有一个系统能够充当所有信息的存储库，并建立适当的保障措施来防止对存储库中的文件进行未授权修改。

在存储库内部，信息（文件、会议纪要、决议、计划、风险、活动等）必须能够被直接访问。当信息/文件可被提供，以及/或者被更新时，相关个人会自动收到通知。存储库目标类型的界定要与用户相符。在合约有效期内，供应商应填充环境，并且必须提供：

- 对所有活动的核实与实时控制。
- 文档的后续版本。
- 服务层面的报告。
- 所有与服务相关的其他文件。

信息必须通过简单、直观的界面获得。用户应具备汇总数据和信息的能力。访问应根据不同类型的用户的不同情况进行。

八、结　论

云服务能带来效益，也能带来风险；在这种情形中，治理至关重要，需要供应商和用户共同努力建立合作关系。在未来，随着技术和组织的复杂度以及内外部威胁不断增加，对提高治理水平有越来越多的要求。

近来，企业云领导委员会已经成立以应对这些担忧。瑞士信贷集团和澳洲联邦银行都是其成员[29]。

对于想更深入了解云计算控制的读者，我们建议从 CSA 下载云控制矩阵[30]。

注释：

〔1〕Nicoletti，B.（2010）La Metodologia del Lean and Digitize，FrancoAngeli，Milano，Italy.

〔2〕http：//www.iso.org/iso/iso_catalogue/management_and_leadership_standards/quality_manage-ment/iso_9000_selection_and_use/iso_9000_family_core_standards.htm，Retrieved 5 May 2012.

〔3〕Deming，W.E.（1986）Out of the Crisis. MIT Center for Advanced Engineering Study，Boston，MA，USA.

〔4〕本书中，数据控制者是金融机构。在意大利的法律体系下，数据处理者被称为"Responsible del trattamento dei dati"，是指"自然人、法律人、公共行政，或其他任何被数据所有者指派处理个人数据的团体或协会"。本书中，数据处理者可以是云计算供应商。

〔5〕Mell，P. and Grance，T.（2011）The NIST Definition of Cloud Computing（Draft），Recommendations of the National Institute of Standards and Technology，Special Publication 800-145，January.

〔6〕合规风险管理是为组织定义、管理、控制监控组织行为是否满足法律规定、规章制度和业务规则提供支持的学科。在组织内部有相当多的人处理这一问题。他们包括：在合规部工作的经理和员工，以及参与到管理或监督合规风险管理各阶段的在不同职能部门工作（法律、组织、风险管理、内部审计等）的员工。

〔7〕正式的表达是"关于处理私人数据或此类数据自由流动的保护个人的法令96/46/EC"。该法令已经在许多欧盟成员国内实施。

〔8〕在意大利，通过"2007年9月17日颁布的第164号法令"实现，该法令关于"执行金融工具市场的指令2004/39/EC"。

〔9〕De Luca，A.（2008）Mifid，I'Italia e il resto del mondo，Computerworld，July 10.

〔10〕2002年的《萨班斯—奥克斯利法案》（SOX）是为了回应引人注目的安然和世通的财务丑闻而颁布的法律，目的在于保护股东以及大众，避免企业中的会计失误和欺诈性操作。

〔11〕SEPA项目的目的是通过提供一整套规则，促进欧盟和欧洲自由贸易联盟境内支付条件的一致性，基于非强制和公平的基础、透明性和互操作性访问，鼓励竞争，使金融机构能够与供应商更好地协商条款。

〔12〕此外，德国当局在2010年6月18日裁定，ICT认为该原则不适合在云服务背景下提供数据保护。

〔13〕"在自动处理个人数据问题上保护个人的欧洲委员会公约"（ETS第108号公约）是唯一专门处理数据保护的协定。它的采纳是重要成就，公约依旧被认为是国家法中最低标准保护的蓝图。公约于1985年10月1日实施。所有的欧盟成员国都是该公约的缔约国。

〔14〕该公约第七条规定："为保护储存在自动化数据文件中的个人数据免受意外或未授权的破坏、意外损失以及未授权的访问、修改或传播，应采取适当的安全措施。"

〔15〕委员会与欧洲议会、理事会、经济暨社会委员会，以及地区委员会的沟通，布鲁塞尔，2010年9月4日，"欧盟中私人数据保护的综合办法"，欧盟委员会。

〔16〕见 Study on the economic benefits of privacy enhancing technologies, London Economics, July 2010（http: //ec.europa.eu/justice/policies/privacy/docs/studies/final_report_pets_16_07_10_en. pdf），p.14，Retrieved August 11，2012。

〔17〕1995年10月25日欧洲议会和欧洲委员会颁布的《欧盟指令95/46》主张在自动处理个人数据问题上保护个人和数据自由移动，于1996年12月31日由第675号法律引入意大利。该法令同时适用于公共和私营部门。

〔18〕Bucci，P.（2010）Processi Direzionali e Risk Management，Data Manager，February，pp. 92–99.

〔19〕——（2011）"Understanding the New SOC Reports," ISACA Journal，http: //www.isaca. org/Journal/Past–Issues/2011/Volume–2/Pages/Understanding–the–New–SOC–Reports.aspx，Retrieved January 15，2013.

〔20〕Smith，A.（2011）Cloud Computing: A Briefing For The Business Analyst，Black Circle，Canberra，Australia.

〔21〕——（2011）Cloud UK. Paper Three. Contracting Cloud Services.A Guide to Best Practice，Cloud Industry Forum，High Wycombe，UK.

〔22〕重要的是在合约中清楚说明，由供应商"负责处理数据"。

〔23〕Dettori，S. and Passante，E.（2011）"I contratti di outsourcing"，Strategies and Procurement，pp.25–26；Smith，A.（2011）同上。

〔24〕IBM（2011）Tips for embracing cloud computing，Help Net Security，June 9.

〔25〕NIST: FISMA Overview，Csrc.nist.gov. Retrieved April 27，2012.

〔26〕http: //www.rtbot.net/Federal_Information_Systems_Management_Act；(FISMA)，Retrieved August 10，2012.

〔27〕http: //www.itil–officialsite.com/.

〔28〕Senft，S. and Gallegos，F.（2009）Information Technology Control and Audit，3rd Edition，Auerbach Boca Raton，FL. USA.

〔29〕www.tmforum.org/EnterpriseCloudLeadership/8009/home.html，Retrieved August 6，2012.

〔30〕CSA，Cloud Control Matrix，http: //cloudsecurityalliance.org/，Retrieved May 20，2012.

第五章　ICT 在金融机构的未来

近几十年来，社会发生了巨大变化，特别是在经济金融领域。金融机构也开始做出相应改变，可以预期的是，这种转变在接下来几十年里将会加速。人们常常问这样的问题：ICT 如何支持这样的转变？

我们认为范式是不同的。问题应该是：ICT 如何影响金融机构的未来？ICT 在金融机构的转变中必须起到非常积极的作用。作为一种矛盾，ICT，特别是云计算，已经成为金融交易被管理的领域，而且会越来越多地被管理。"管理"这个术语不同于"处理"；也就是说，ICT 将成为金融机构核心业务的一部分。这就是本章讨论的主题。

组织不应把云计算仅仅作为一种技术。它是一种完全不同的计算，特别是商业创新的方式。这一点普遍成立，特别是对于服务性机构，如金融机构；高德纳公司（Gartner）声称云计算驱动了金融机构的"创造性毁灭"[1]。

意大利国家科技产品制造商及资讯通信服务协会（Assinform）所做的一项调查数据[2]证实，多数金融机构正计划充分利用云计算。该模式提供了许多机遇[3]。该调查明确指出，金融机构对云服务的使用将着眼于优化可利用资源以及扩大使用者和应用程序的潜在受众。

一、金融机构遇到的新挑战

过去几年间，金融机构遇到了前所未有的挑战。而未来对它们来说也绝不轻

松；它们面对许多挑战，例如：

- 市场的进一步整合。

- 国际竞争。

- 新玩家的进入（如 PayPal 和 Payment Institutions）。

- 信贷紧缩导致的客户信任度降低。

在经历了重新定义和简化行业的动荡后，金融机构现在优先关注的是效率和创造以客户为中心的创新型产品与服务。它们必须不断努力以遵守国家和国际规则。安全性是极为重要的。金融机构正努力强化安全系统。

金融机构主要面临四大挑战：

- 世界化。

- 客户。

- 合规。

- 成本。

本节将分析每一种挑战，讨论云服务怎样有助于应对这些挑战。本章也将分析一个附加的云如何创造新机会。

（一）世界化

直至 20 世纪 90 年代中期，多数国内金融系统只有零星几家外国企业与高度分散的国内运营商。运营主要局限于国内市场，并且常常局限于某些地区（如德国的储蓄银行、英国的信贷协会、法国的大众银行或意大利银行）。长期以来，一些因素限制了国内金融机构国际化战略（我们称为"世界化"）的界定与实施，例如：

- 金融机构多为中小规模，很少有银行或保险公司开展全球业务。

- 考虑到需要大量资源、风险增加，以及进入其他高级金融系统所需的知识，鲜有涉外岗位。

- 效率低下，产品和服务范围有限，且通常缺乏创新。

- 国内市场利润空间大。

- 许多机构的文化呈现出强烈的本土化色彩。

这种情景并不理想。它适合以中小型企业为特征的产业体系，特别是本土金融服务。因此，外国投资缺乏强烈动机。业务不能保证利润水平足以使金融机构获得外国投资，这意味着不存在国际化元素的理由。然而，这种趋势在过去几十年里已经发生了改变。全球化不断成为现实，因此国内金融系统的国际化进程得到了强化。

近年来，本土金融机构推出了新的方案，旨在扩展其海外销售网络、建立国际战略。这些战略，特别是面向中东欧的战略，是非常重要的。然而，在本书撰写之际，金融机构的跨国运营还是相对有限的，国际化进程主要影响了一批大型银行和保险集团。在接下来的几年时间里，这种情形将发生改变[4]，因为存在众多推进国际化进程的因素——金融服务系统受到以下因素影响：

● 市场规模逐渐扩大。

● 新兴经济体的成长。

● 交易量增长、理性化和更高效率的需要。

过去，金融机构在全球的扩张主要集中在新兴国家。在这些国家，尽管投资规模相对不大，金融机构已经获取了相当的市场份额，这也是当地金融系统落后带来的结果。所有这些事件促使大型金融机构将新欧洲国家以及相邻国家确认为最具吸引力的市场。除了学者提出的众多金融机构国际化理论[5]，主要的银行集团在国际化进程中几乎是不可避免地选择了中欧和东欧。尽管进入中欧和东欧市场是强行规定的，但这个举措已经在许多方面被证明确实是远见卓识的、有收益的，特别是对时机的选择。这个地区的本土金融机构成为国外金融机构的一部分，而后者的定位则是陪伴这些国家走向成长、发展和民主。

这之后，金融机构开始对新的地理区域感兴趣，如苏联国家和最近的北非、亚洲和拉丁美洲的一些国家。但是，最近我们正在经历反向的情况：中国和阿拉伯国家的金融机构正向西方扩张，其境外活动规模进一步增长[6]。在过去几年中，由于竞争，金融系统集中化进程愈演愈烈；一批中等规模的金融机构开始与大型机构一起积极开展境外业务。

目前，许多国家金融机构正在面临新的、不断增长的挑战；市场竞争加剧，经济增长放缓。非常可能的是，经济增长将在长时间里放缓。到目前为止，金融

部门拥有足够弹性来应对疲软的经济增长，但是它必须能够承受和应对宏观经济不利的情形。

此外，国外金融机构正在进入本土市场，致使市场份额由于竞争激烈而缩减。花旗银行、巴克莱银行、巴黎银行、汇丰银行、德意志银行、意大利联合信贷银行、桑坦德银行，以及荷兰直接银行是投资于海外市场的著名国外金融机构。所有这些机构在加速按揭、融资以及投资市场的创新中起到了重要作用。例如，桑坦德银行、巴克莱银行和巴黎银行正利用金融危机来增长它们的海外市场份额[7]。竞争尚未充分体现在核心服务的定价和质量上。

不久的将来，国内金融行业的竞争将加剧。外国中介机构之间对市场优势的争夺有助于强化国内市场的效率与竞争。创收依旧是一个关键点，这是因为债务损失不断增加、佣金收入停滞不前。第二个方面是由国内市场上外国金融机构的激烈竞争所导致的。随着外国金融机构在其他国家不断渗入，对本土市场的控制将不断受到挑战。

欧洲的金融系统无疑是落后的。它落后于美国的金融机构，在某些情况下甚至落后于一些新兴国家的金融机构。这种情形很可能会促进竞争并推进创新，为终端客户带来收益。

越来越多的金融机构客户、投资者，以及保护消费者权益的监督机构认为，欧洲只有一些国家的金融机构在提供低成本且便利的银行服务[8]。随着竞争带来的压力，外国金融机构分支的数量和规模在不断增加。欧盟金融机构以及其他非本土机构已经能够获得对大型外国金融机构的控制，所以外国金融机构在每个国家掌握的资产份额也相应地达到了相当规模。

当前司法和监督机构持一种开放态度，更加接受外国机构的进入。一些机构正努力使其他国家成为自己的第二个国内市场[9]。

当前，欧洲经济在一个开放的国际背景下运行。竞争受到了鼓励，效率得到了回报。与国际知名金融机构一起，国家银行和金融系统越来越成为欧洲市场的一部分。

从系统角度出发，可以对未来做出以下展望：

● 市场不再只被国内金融机构控制。

● 竞争将愈加激烈，因为管理正致力于满足利益相关者的预期。与之相关的一种现象是收购和跨国并购，它将修正金融系统的形态。

● 甚至在国内金融系统内，也可以预期到国际化进程将取得重大发展。

● 欧洲提案，如《单一欧元支付区》（2014 年 2 月全面生效），或者像《巴塞尔协议Ⅲ》和《偿付能力标准Ⅱ》这样的国际协议，将进一步加速国际化进程。

人们普遍认为，在多个国家进行跨国运营的金融机构经历危机的概率要高于平均水平，在该领域进行的一项研究也证明了这种说法[10]。其中一个原因是维护大型国际金融服务网络的成本非常高。在面对这样的挑战时，云计算通过 ICT 重组、整合和创新提供了更多的增加收入和降低成本的机会。例如，通过将国内金融机构的海外分支纳入一个 ICT 系统中就可能实现这种收益，正如桑坦德银行做的一样。除了能够收获成本减少的收益，金融行业使用云服务还代表了一个令人信服的商业案例，证明基于网络的 ICT 资源是如何提高分支机构以及不同渠道的流量管理的。许多金融机构正在探索替代传统数据中心概念的方式，特别是云计算。在欧洲，有相当多的组织正开始转向按使用计费的模式，许多金融机构正在这个领域启动试点项目[11]；尽管金融机构或许还未做好使用公共云的准备，但私有云可以是迈向云计算的强有力的推动者。混合云和社区云将是下一步。

（二）客户

客户正在发生巨大的转变。它们变得更加信息灵通、了解科技、自觉节约成本、流动性强，且更加精明。云计算能够帮助金融服务争取到新客户，为其提供服务、留住客户，并在许多方面令客户满意。最重要的是，金融机构为客户提供了云服务的支持。

1. 以客户为中心的方式

金融机构的生存取决于客户体验的提升。在这个方向上，云计算的使用是非常有帮助的。它支持实现以下效率的战略：

● 了解你的客户项目（KYC）：云计算帮助金融机构预计与客户接触的时刻，同时为双方利益改善关系。KYC 项目能够帮助组织了解客户需求和客户特征。今天，金融机构会一直等待，直到客户到其分行提出贷款要求。然而，能够在客户咨询服务之前就预见并察觉其需求是非常必要的；当客户需要信贷时，金融机构应该能够预计到这个时刻（并联系客户）。情况可能是这样的，客户通过互联网查看其他竞争对手提供的服务，或开始考虑搬到大些的房子。另外，KYC项目对于遵守反洗钱法规也是非常重要的。

● 简化可以将服务从基于文件转变到基于客户。简单就是一种竞争优势，这一点已经体现在乔布斯的苹果产品上。

● 管理中的整合与改变有助于消除信息孤岛，并克服传统的柜台式理念。

● 从沟通转变为对话：根据一项全球研究，与传统广告相比，多数人更愿意相信其他客户的意见[12]。新的客户沟通渠道，如推特、脸书和领英，再加上新的商业模型，是非常重要的。越来越多的金融机构正在使用社交媒体[13]。

未来的金融机构应考虑客户的演变，将技术置于客户服务的核心，注重客户服务，使其成为一种积极的体验。

2. 客户关系的管理

按照以客户为中心的观点，金融机构可以通过不同方式来重新审视它们的战略。其中，最有趣的方式就是将客户关系管理置于战略方案的核心位置。在这种背景下，ICT可以提供大量支持。在过去，金融机构的CRM投资主要集中在致力于减少运营成本的工具和方案上。这些方案通常是技术驱动的，不能最大化业务收益。此外，职能部门之间缺乏协作，加上对中长期缺乏清晰认识，以及对变革管理缺乏适当介入，在许多情况下导致失败。尽管使用基本指标来测量CRM活动与客户满意度是非常重要的，但这也是信息欠整合的表现；这些指标与为股东生成的价值并无任何直接联系。与此不同的是，整合模型和适当的支持系统则使用了对价值有直接影响的指标。收益可以由以下三个方面来衡量[14]：

● 每一种方案在市场上的投资回报率。

● 客户终身价值。

● 内部效率。

客户关怀是一种基础性战略资源，特别是在高度竞争的市场行业，如金融机构，在远端银行或网上保险更是如此，无论是通过网络还是移动设备。服务质量和客户满意度评估在事实上或许就是巩固客户关系、提升新需求、预期和愿望的基础。

有效的客户关系管理将客户视为制定、沟通战略决策以及驱动业务流程的一个关键因素。这个工具可以界定并采用最佳方式来辨识、抽取、服务和开发客户忠诚度。"客户洞察"并不是单指客户的个人信息;它还包括社会人口统计和行为信息。未来,它将代表了金融机构为推动营销、销售和保留客户付出的努力。

金融机构在整个组织中推广 CRM 模型是十分重要的;不能仅限于前台职能。ICT 系统以整合方式来支持所需要的专业能力,并且已达到相当成熟的水平。然而,鉴于目前多数金融机构一直使用系统的内在复杂性,实施的复杂性是最大障碍。从这个角度出发,使用服务导向架构能够以模块、渐进的方式来计划和实施介入。

使用基于云计算的 CRM 模型对金融机构意味着独一无二的机遇:

● 以整合方式来管理客户联系渠道。

● 通过不同渠道连续监控客户体验以满足客户需求。

● 界定、计划、执行、监控和度量多渠道运作的结果。

● 对用户信息进行分析,将来自金融机构的信息与外部数据源结合起来。这样,可以丰富金融机构的客户知识,适当推进目标定义以及相关商业和保留行动。

● 在与客户互动时,不论是在分支机构内部还是远程,都支持运营商的实时决策。

金融机构可以利用云来设计客户行为分析和分析工具,以便更快地获得结果,并最大化投资回报。云 CRM 方案使金融机构能够在整个客户生命周期中分析、理解、预测并影响客户行为。只要 CRM 策略能够提升客户关系质量,就会是金融机构优先考虑的方案。这意味着:

● 充分利用收集的信息资源。

● 提升互动。

从这个角度出发,沟通的创新渠道的实现,如互联网、社交网络或移动电话,对于正在进行中的和未来的项目获得成功十分关键。

3. 多渠道

由于新技术的趋同，如移动设备、平板电脑、云平台和社交媒体，金融机构获得了提升现有客户关系（忠诚度、品牌意识、针对性营销等）的巨大机会。与此同时，这些技术有助于降低成本。为了把握住机遇，金融机构管理人员应考虑自身客户策略应如何应对当前挑战，这些挑战是与以下五点联系在一起的：

● 利用新的移动设备、平板电脑和云 CRM 平台提升销售有效性、收入和客户忠诚度。

● 在社交媒体上工作，因为这些媒体能够在合适的时间、以合适的服务接触到一定数量的客户群。

● 使客户工具和应用程序与云计算战略及平台一致，从而提升交付和整体客户体验。

● 使用基于云的实时分析工具，了解多样化的、不断变化的客户群。

● 利用技术、平台和分析工具，提升客户的获得与保留，同时有助于减少运营成本，提升利润和股东价值。

销售点现在被称为"终端"。但它们应该被称为"初始点。"它们不仅是个端点，而且是新的沟通过程的起点。不论是实体还是虚拟销售点，都是与客户直接沟通的设置，是价值链中的交易点。金融机构应充分利用这个术语的本来意义——真正的销售点。这不仅适用于零售商，也适用于金融机构本身。

Credicoop Cernusco 转向谷歌应用程序 [15]

Credicoop Cernusco 是一家总部设在意大利北部的中小型银行。它使用谷歌应用程序来处理基于整个网络的业务问题。通过整合邮件管理、及时消息、聊天以及音频/视频工具来共享文件与文档，这家银行希望更新沟通与协作的方式。

最终的选择是云方案，主要有三大原因：

● 成本节约。

● 地域覆盖。

● 提升安全性。

> 对于银行而言，云提供的可靠性和数据保护是重要特性。按照意大利银行数据保留规定，防病毒、反垃圾、安全保存邮件十年对于这家银行都是重要特性。
>
> 凭借新的信息系统，这家银行可以使用一些网上协作工具。目的在于取得单个业务单元之间以及与客户更好的合作。这将改善核心部门与分支机构之间的关系，开辟创新移动服务的方式。
>
> Credicoop Cernusco 正与皮斯托亚大众银行以及其他几家银行一起，领会并选择云带来的收益。

为了提升业务和关系有效性，向多渠道分销模型转变也是必要的：

● 金融机构可以凭借这种方式获得更多新客户，特别是那些尚未设立银行账户的客户，移动钱包（M-Pesa）在肯尼亚的经验充分说明了这一点[16]。

● 金融机构的客户正越来越多地寻找以零成本提供服务的直接渠道。互联网是这个方向上的重要一课。客户喜欢低成本，为了获取低成本他们甚至会不介意地域（荷兰直接银行就是一个典型例子，该银行最初未设分支机构却获得了成功）。

● 时间在几乎每个人的生活中都是重要资产；它是导致客户寻求管理其财务需求的其他方式的关键因素之一。

● 互联网和移动设备的持续扩张则是另一个重要因素，影响的人群数量在不断增长。

4. 体验式营销

客户体验理论在分析客户行为时指出了情感的核心地位。它们强调用户整体体验的重要性，而不仅仅是对产品/服务特性的感知。体验式营销的目的是在客户消费体验的整个过程中影响客户，与功能性收益相比，它更突出了象征性收益的重要性[17]。

金融机构的经理越来越多地使用"体验式营销"和"客户体验"这样的术语。这些术语代表新的营销目标和工具。体验这个概念非常复杂，包含多个维度，是哲学、社会学和心理学多个学科的研究对象。它能够促进更深入的分析以

金融服务业的云计算
Cloud Computing in Financial Services

及提升营销过程。

直至最近，人们对将客户情感置于金融服务行业核心地位的做法还普遍持怀疑态度。一般来说，这个行业本身并不需要投入情感。但事实上，客户在和金融机构交易的过程中获得体验并感知情感，这与其他任何情境是一样的。金融机构，特别是零售银行和保险机构，才刚刚开始（与其他行业相比）开发以客户为中心的模式；这个行业越来越激烈的竞争，以及新竞争对手的进入，都偏好与客户直接联系的方式。客户变化的行为也是支持转向客户中心模式的一个因素，这种方式有可能最大化收益机会以及优化运营成本。

云计算将中心从特定的金融机构移至云端。因此，它推动了客户的另一种体验，将他（她）置于中心。

在接下来的十年，金融机构面临的与客户相关的挑战将是：

● 建立有效的客户忠诚战略。

● 通过部署新的先进技术，提供可靠的用户体验，获得新的市场份额。使用的简便性是非常需要的。

西班牙察亚纳瓦拉银行

西班牙的察亚纳瓦拉银行是一家正在重建与客户关系的银行。这家银行致力于"公民银行"[18]这个概念。该银行围绕着知名度、责任感和社会责任建立了品牌战略。它有助于监控这些项目的进程。

银行鼓励客户使用社交媒体与银行打交道，从而发现如何使用其收益来支持社会责任项目。

5. 分析

分析一直是金融服务的一个优势（特别是对保险公司而言）。它支持将与客户的互动以及产品或服务个性化。但是许多银行和保险公司的分析却依旧相当不成熟。这是由一个或多个因素造成的：

● 它们不具备合适的文化。

● 它们在共享、整合、存储大量用于分析的用户数据方面存在困难。

● 它们缺乏合适的流程或租费。

云计算具备去除这些缺陷的可能。事实上，分析是为云量身打造的，原因如下[19]：

● 云使组织能够存储大量数据，并不一定要集中化，同时使休眠数据工作起来。

● 它为开发分析模型和报告提供了成本有效的平台，驱动商务智能（BI）。

● 它使组织能够处理来自各个源头（如保险公司的代理网络）的历史和实时交易信息。

● 它使组织能够处理大量数据。它不仅可以发现过去的规律与异常，而且可以快速、高效、成本有效地预测未来。

● 组织可以利用云来设计网络个性化引擎、客户行为分析和数据挖掘算法。

由于上述以及其他原因，云改变了组织在服务交互、产品设计和交付过程中对客户需求做出反应的质量和速度。通过所谓大数据方案，新的发展正在形成。

（三）合规

由于金融经济危机，许多政府机构正在引入新的法规。对于金融机构而言，在处理紧急事件过程中，能够遵守这些法规越来越具有挑战。机构越努力地与其他机构合作，遵守法规就变得越容易且成本越低。这是推动云计算发展的另一个因素。

在国际层面，如在欧盟，司法介入正加速普遍标准、工具和基础设施的趋同。它们正向数字经济以及商业和金融交易的逐渐无纸化方向发展。

2007 年《欧洲付款服务指令（PSD）》的颁布，单一欧洲支付区（SEPA）项目，以及这些法规后续的变化，都将对金融世界产生深远影响。所有这些因素不仅开启了国际市场竞争，而且开启了金融行业之外的竞争。在欧洲层面和每个欧盟成员国内部实施的新的电子货币指令[20]以及成为支付机构的新要求，都是这种变化的例子。

> ### 意大利 C 卡支付机构 [21]
>
> 2010 年，意大利 Cedacri 集团旗下的子公司 C 卡，专门从事金融服务处理，由意大利银行授权成为意大利的首家支付机构，即便它还不是一家银行。
>
> 自那以后，C 卡开始在云端为金融或非金融机构提供服务。

《电子货币指令（EMD2）》的成因与目的，以及与遵守法规相关的问题，都已经表明这个问题在欧洲的核心地位。

采用云计算意味着要重新审核在应用程序、监管问题、安全性和问责这几方面的金融服务控制基础。这要求流程再造。通过使用云服务，金融机构可以利用：

● 当今金融服务领域内最具前景的价值源泉、创新和竞争优势。

● 一种方案，该方案在接下来几年间里将会成为 ICT 促成业务规范、创新，以及成功的一个标准部分。

为了能从云计算中获得最大价值，金融机构必须以严谨的分析方法使用云计算，正如金融机构在现有业务里使用的那样。

（四）成本

金融机构对 ICT 方案和供应商的选择，越来越取决于成本。许多类型的服务已经表现得无差异。对于许多金融机构，特别是中小型金融机构，将 ICT 服务交托给云，提供了灵活和节约的机遇。当前的金融危机是此类构架融合的主要驱动力。一些研究结果显示 [22]，金融机构已经减少了在技术上的投入，在有些情况中投入大大减少 [23]。

2011 年意大利国家科技产品制造商及信息通信服务协会（Assinform）的报告也证实了困难的存在（见图 5-1）。在接下来的几年里，由于利润普遍下降，而增长则较少或没有，迫使金融机构重新审视其战略重点。

这存在两大原因：

● 经济危机促使金融机构选择效率最高的方案。危机并没有中断金融机构营销、组织和基础设施的创新进程，而是推动其在削减成本的同时，追求更高的效率。

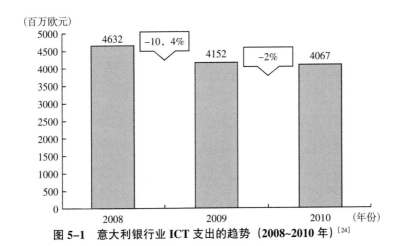

（百万欧元）

图 5-1　意大利银行业 ICT 支出的趋势（2008~2010 年）[24]

● 近年来的并购促使 ICT 系统完成整合，这构成了重大成本协同的基础。

经济危机之后，金融机构需要采用新的业务模式。《巴塞尔协议Ⅲ》要求更高的资本比率，金融机构面临的挑战是要通过成本削减来实现资产增长。金融机构需要用一种全面的方式来评估它们可以在何处实现成本节约，从而为新业务模式筹集资金。云计算着眼于大量减少资本支出，为金融机构提供削减整体成本（特别是投入）的机会。

EMEA（欧洲、中东、非洲）金融行业获得的云计算收益据估计将达到 1830 亿欧元，占 EMEA 整体收益的 24%[25]。这大致相当或略少于，该行业对 EMEA 国内生产总值的贡献（见表 5-1）。这些预计收益背后的驱动因素有：

● 金融行业的规模，以及在更广阔的宏观经济中所占的地位。

● 它未来的增长预期。

● 云的计划使用率。

鉴于当前经济背景，金融机构领导层和管理层的首要任务是削减成本和流动性增强策略。在一系列需要做的重要事情中，业务模式创新居于次要地位。未来，该行业将出现基于整合逻辑的技术平台强化以及新的使用方式，如云计算，旨在减少成本。

云计算利用互联网提升了速度和灵活性，意味着金融机构可以通过建立虚拟共享 ICT 设备来显著巩固和合理化成本。它最初将普遍应用于中小型金融机构。

事实上，云计算是中小型企业生存的唯一方式。云计算是一种真正的颠覆性创新，它有可能重新定义金融机构未来的操作模型。通过使用云计算，金融机构不再需要开发和管理自己的系统。这将在提升生产效率和灵活性的同时，减少成本和投资。

至于未来几年的前景，对于内部用户和客户联络而言，降低成本的技术选择将主要指向云计算、移动设备、商务智能和大数据。CIPA 和 ABI 最近的一项调查显现出这种趋势[26]。在欧洲，金融服务行业将是最激进的云使用者。技术和服务供应商应当加快将云服务提供给这个行业的客户。

La Gaixa 实现业务与 ICT 的协调 [27]

La Gaixa 是西班牙最大的储蓄银行，也是该国的第三大金融组织。La Gaixa推行多渠道管理策略，该策略通过利用先进技术和高技术员工向客户提供高质量综合银行业务。

为了给它的5300多个网点和由8000多台ATM网构成的ATM网（西班牙最大的ATM网）提供动力，La Gaixa依赖于由大型计算机、几千台服务器和上千台网络设备构成的复杂技术格局。

La Gaixa与外部顾问一起界定了向私有云迁移的多阶段计划。第一阶段是安装自动化工具。这样，La Gaixa就能够以自动化方式实施合规。

该项目包含多个阶段：

● 在第一个阶段，团队将书面安全政策制定为规则——确保未来可以严格遵守。转型的第一阶段包括提供虚拟和实体服务器，以及监控服务器和网络设备。

● 第二个阶段将方案扩展至 La Gaixa 基础设施的所有平台。它增加了进一步自动化和自助服务的特性。该阶段也引入了一个统一配置储存库和定制管理控制板。这样，它奠定了低成本内部云计算服务交付模型的基础。

● 第三个阶段提供支持和维护服务。它们使该银行的 ICT 服务在未来一直保持高性能运转。

二、支持金融机构转型的云计算

云计算是金融机构转型的有力支持。当它被用于支持业务转型时，它就不仅仅只是一项技术了。

表 5-1　云计算的收益

收益	法国	德国	意大利	西班牙	英国	EMEA
	€M	€M	€M	€M	€M	€M
业务发展机会	7.809	10.24	5.362	2.921	9.526	35.858
业务创建	17.696	22.647	12.882	7.403	6.831	67.458
网络总支出节省：	1.689	4.151	1.57	1.279	1.716	3.18
—IT 资本支出节省	4.262	4.902	2.84	1.39	4.777	18.171
—IT 运营支出节省	2.795	3.411	1.861	0.965	3.166	12.198
—IT 运营支出节省（电源和冷却）	2.303	2.809	1.533	0.795	2.241	9.681
—额外的云支出（PAYG）	−7.671	−6.971	−4.664	−1.871	−8.468	−36.87
间接 GVA	16.756	21.465	12.259	7.234	12.131	69.844
总经济收益	43.949	58.503	32.073	18.836	30.204	183.57
直接和间接就业（000）	37.17	55.85	29.98	29.00	54.72	296.73

资料来源：CEBR.

基本上，云计算有三种充当转型的催化剂并提供支持的方式。它们与三类未来主要的首席信息官相关 [28]。云计算可以支持：

● 管理 ICT 系统，以有效、高效且经济的方式来支持组织的运营模型。

● 弥合内部与外部的界限，创新提供给客户的产品与服务。这样，全新的产品与服务的推出可以带来全新的客户关系。

● 确保涉及所有业务单元的业务流程，以高效、经济的方式得以再造、协调和运营。业务流程变革使这些目标得以实现。

接下来我们将分析后两种。这里将不对第一种情形展开讨论，因为这是云计

算的传统使用方式，而且在第三章中已经对其进行了充分描述。

（一）客户创新

1. 新的产品和服务

服务定制化将会变得非常重要。金融机构需要差异化其提供的产品和服务。在由消费者、供应商和服务供应商构成的整个金融供应链中，金融机构必须成为关键参与者。云计算提供了建立牢固网络的真实机会，从而促进业务以及将结果交付给所有用户。它可以成为与客户、供货商和其他服务供应商进行互动的新的服务平台[29]。

金融机构使用云服务的可能性利用到了它们在以下四个方面的丰富经验：

● 支付系统和电子商务。

● 通过银行间网络以及保险机构和代理的公司与零售分销渠道。

● 商业和零售银行的交易与清偿支付基础设施，保险管理。

● 国内（如 Link 或 SIAnet）与全球（SWIFTNet）交换机和网络。

金融机构需要开发超越传统信息服务的能力。例如，创新信贷、创新保险和风险管理的流程再造、自动化和整合。在整个客户业务生命周期中获得的新信息可通过云进行交换。在云端的银行业务是促成客户保留策略并提高市场渗透率的关键。

某些潜在的云服务使金融机构可以在下列领域扩展：

● 对于消费者和商业客户：

  ● 电子商务服务将在接下来几年里利用云计算。消费者能够访问电子商务银行和保险服务，以推动安全、实时的处理进程。

  ● 集中化的支付基础设施，例如，由开放支付框架（OPF）发展而来的银行集中支付平台，使金融机构能够通过指令来管理从源头到执行的支付。金融机构已经开始推出与核心银行系统整合在一起的电子支付网关方案。这样，它们正在为商业、消费者和经销商推进电子商务和电子采购服务的发展。

● 对于商业客户：

● 银行和保险云服务可以访问中小型企业（SMEs）使用的云服务和应用程序。该机遇使中小型企业与金融机构的整合可以在更短的时间里进行，并取得更多的即刻投资回报[30]。给予组织灵活性是非常重要的。中小型企业可以迅速地在全球范围内行动，并完全了解自身的现金状况与可用性。ISO 20022 信息的全球共同实施框架（公司对银行）为云计算的使用铺平了道路。云方案将与来自金融机构以及客户/代理机构的应用程序整合在一起。它们对来自第三方的组件和服务接口保持开放，例如：

→支付机构云服务。电子支付和电子发票将极大地改变中小型企业的采购模式。通过将 SME 账户管理移至云，金融机构能够帮助中小型企业以更加经济的模式管理它们的业务和现金流。金融服务能够带给客户完全不同的体验。对于中小型企业，云变得越来越重要。金融机构不仅有机会成为银行业和保险服务的可靠合作伙伴，而且还能够扩展其平台帮助中小型企业与之建立业务联合[31]；会计、现金流建模、信用银行服务，以及新的综合保险产品的使用，使中小型企业能够接入它们的基础财务报表，从而获得损益均衡分析、现金流预测，以及假设情景。这些工具可以与客户基本信息、预测和发票数据结合在一起。以这种方式，金融机构为中小型企业提供一系列嵌入在银行业务的非常有用的工具，开始着眼于基本透支贷款、采购、保理业务、库存融资，以及全部附加服务。这样，云对中小型企业变得越来越重要。它也通过整合共享服务、营销产品、改善支付，以及更好地管理现金流来加强与合作伙伴的联系。

→电子发票服务和电子发票开具与付款（EIPP）系统将变得越来越重要，成为商业银行工具集的一部分。一些银行已经提供了一系列服务，包括电子发票，以及可接收/支付账户的电子管理。这种服务可以与中小型企业的保理和管理采购结合在一起，为客户带来更多收益。

● 对于消费者，云服务可以提供新的、高级的产品和服务，例如：

- 电子钱包，一种新的支付方式。它们将电子设备转变为电子钱包，如手机，涵盖各种综合特征：电子交易，存储支付卡信息、选择支付方式，以及通过设备进行支付的能力。电子钱包可以作为一种营销工具，用于推广促销信息、提供红利积分点等。

- 私人间支付或 P2P 支付。个人可以对其他人进行支付。这种方式会从根本上改变支付业务，将从根本上打破信用卡行业对于客户和小企业的控制，目前他们还在为接受贷款和借记卡购买或转账支付高额费用。

- 免触支付系统［近场通信（NFC）设备］。这些系统使购物者能够凭借免触支付系统，使用移动电话进行购买。该设备有助于通过条形码或零售商红利积分点，选择产品进行购买。它也可以作为定制促销与沟通的营销渠道。

Cryptomatic 发明云钱包 [32]

Cryptomatic 发明了市场上第一个云钱包。云钱包在相连的委托平台上运行安全支付应用程序，可通过互联网访问该平台。它安全地将使用者和他们的所有设备——例如，智能电话、平板电脑或个人电脑——与他们的钱包连接在一起。

信用卡方案的维萨卡，使用云计算快速处理两年的测试结果（730 亿笔交易，相当于 36 兆字节）。将处理时间从传统方法的一个月缩短为 13 分钟 [33]。

云服务有助于实现以下目标：

- 简化处理流程。
- 实施快速支付。
- 将金融服务整合到支付以及可接收/可支付流程中。
- 在任何地点、任何时间，通过任何设备注册保险。
- 加快保险理赔流程。

例如，图 5-2 中的卡片处理系统的云构架。

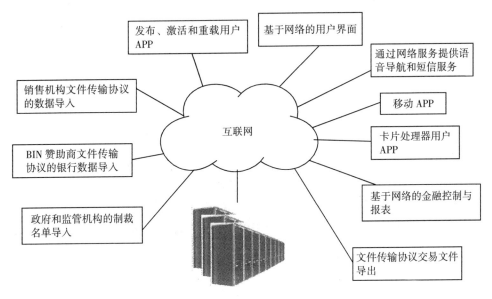

发布、激活和重载用户APP

基于网络的用户界面

通过网络服务提供语音导航和短信服务

销售机构文件传输协议的数据导入

移动 APP

卡片处理器用户APP

BIN 赞助商文件传输协议的银行数据导入

基于网络的金融控制与报表

政府和监管机构的制裁名单导入

文件传输协议交易文件导出

互联网

支付卡行业数据安全标准数据中心

图 5–2　卡片处理中的云计算

小型企业应采用云计算 [34]

小型企业应该采用云计算。云计算使它们能够减少管理 ICT 需要的时间，从而有更多的时间来关注业务增长。

此外，一旦实现了这种增长，云系统就可以很容易升级，以满足业务增长的ICT 需求。

许多小企业主应将云计算作为他们可使用的一种有趣方案。他们可能会考虑使用保理服务来释放进行重大投资所需的资金。企业可提升数据安全性，同时外包电子邮件或存储之类的服务。这种方式将使组织收获高级技术带来的收益，同时免去了管理的麻烦。

为了支持这样的机遇，若干金融机构正在计划为中小型企业提供并运营云服务。意大利邮政局注重与中小型企业的联系以及提升云计算技术 [35]。

很早以前，意大利邮政局就将其处理来自 14000 家邮局数据的五大中心纳入了私有云系统。这个系统缩短了转换时间、具有较高的安全性，对基础设施和经过系统的数据流进行更有效的管理。

邮政局的云系统使中小型企业得以共享复杂的业务持续方案和灾难恢复计划，否则中小型企业的微预算将难以支撑。邮政局将在云平台上提供大型计算容量和存储。除此之外，中小型企业总能够依靠技术来确保沟通的安全性和邮政局的身份认证。私人之间和商业与公共管理之间的支付，以及管理基础金融服务的支付平台，补充了邮政局为中小型企业提供的云服务。

2. 社交网络

金融机构正致力于寻找成功客户关系的特征。金融机构需将网上营销活动作为沟通策略的重点；它们应倾听和观察网络使用者是如何谈论金融产品的。这之后，机构应利用网络和社交媒体，将其作为扩展的客户关怀渠道与市场研究工具。

以下发展机遇正在涌现：

● 提升了解客户（KYC）的知识，以便根据高级细分技术，优化产品和服务的营销。

● 提升客户体验，从而减少被遗弃的风险、最大化销售机会。

● 优化接触渠道，并引入创新渠道。

● 优化服务和展示所在地。

已经存在一些实施这种战略的必备工具，金融机构正利用其中某些工具来倾听观点，并在以下七个方面采取措施：

● 品牌意识和参与。

● 热门话题。

● 社交媒体。

● 增加访问和粉丝。

● 互动。

● 谈话。

● 用户操作。

未来会出现越来越多的创新。例如，圣保罗联合商业银行开发了用于客户互动的对话与技术支持平台并将其投入市场，该平台是完全线上/社交联网的。这个应用程序力求与客户进行沟通，使他们感到自己是组织中积极的、不可或缺的一部分。

非传统渠道，特别是网络和移动渠道，也称作电子银行和移动银行，在金融机构的客户服务中起着越来越重要的战略作用。这些渠道在重视客户和交易数量方面都表现突出。最终，通过间接渠道进行交易的数量将逐渐减少，成为建议和复杂交易的高附加值渠道。在这种背景下，分支或代理机构将继续是客户最喜爱的高价值服务接触渠道。

对于多数金融机构而言，脸书和推特不再是神秘的事物，它们正越来越多地使用社交媒体来推广自己，与客户建立直接联系。

不久前，金融机构开始关注用户体验。金融机构需要懂得如何实施这种新的文化类型和营销方式。客户参与似乎是建立新的客户体验战略的基础理念，同时这也是该领域中最被广泛认可的话题之一。金融机构刚刚开始从新的虚拟渠道看待这些应用程序。一些金融服务机构利用社交媒体使客户参与网上讨论论坛、宣传服务，以及监控对于组织活动的评价（所谓的情感）。

苏珊·费恩伯格（Susan Feinberg），来自宝塔集团（Tower Group）的商业银行业务分析师，将这种情形总结如下：[36]

每一家金融机构都参与了社交媒体……它也许是精心设计的策略，也许不是。如今的客户出于个人目的或商业原因无时无刻都在使用社交媒体。

金融机构感到将客户满意度的定量测量与更加定性的方法结合起来正变得越来越重要[37]。后者应该基于客户对与金融机构关系的自由表达。在互联网上可以实时找到客户的观点和评价，但这种方法的主要局限一直是如何利用大量自由文本评价所包含的信息，圣保罗联合商业银行客户满意度部门经理马可·巴巴托（Marco Barbato）在一篇文章中强调了这点：[38]

有了新的语义工具……就有可能对这种信息进行分析、系统化，使它们可以用于分析，并将它们与从其他来源得到的指标相关起来。

金融机构在服务质量方面相互竞争。正确、及时、充分地评价客户满意度和感知质量是非常重要的。语义技术实现的自动文本理解，不仅有助于金融机构与客户进行对话，而且能够保证在分析客户情感时更高的精确度。这样，监控客户

满意度就变得更加有效、高效和经济。

3. 移动革命

云计算附带的一个趋势就是移动技术。移动电话是完美连接云服务的通信设备，在用户与受欢迎程度方面超越了个人电脑[39]。

移动银行正在彻底改变用户体验。例如，移动设备的功能正变得越来越多样化，可以充当钱包或安全令牌。尽管金融机构认可这种发展，但是它们承认还未完全按照这种趋势的重要性采取行动或进行投资。移动设备在不同领域创造了机遇，能获得这些机遇的将是那些能够利用新技术采取迅速果断行动的金融机构。金融机构应该记住中型荷兰银行集团的经验，该集团迅速推广网上银行业务并遍及全球。在肯尼亚，移动钱包（M-Pesa）是一种基于移动电话的支付系统，在很短时间里就赢得了上百万名客户。[40]

移动设备的一些特性使它成为有独特价值的事物：

● 可携带，且一天 24 小时都可使用。

● 具备独一无二的标识符。这意味着它的使用和识别是针对每个客户的。

● 使用简便且有趣，界面和能力越来越用户友好（如苹果手机上的应用程序）。

● 承认定位区分，允许产品和服务按照不同地区定制。

● 是客户最常携带和使用的设备。

● 有了移动设备，用户可以在任何时间、任何地点与他们的金融机构互动。

这些特征，再加上一个灵活的基于云和应用技术的平台，促发了更迅速的发展以及与第三方产品的整合。

人们对移动银行的兴趣越来越浓。智能手机正在取代传统手机，新的应用程序正在迅速发展。金融机构变得移动化以回应增长的"移动"机遇，因为它们已经看到通过移动设备与客户互动的数量和频率正发生巨大变化。过去客户与银行之间的互动只在分行每月进行一次，而现在通过移动电话每天都会发生。

通过使银行服务与客户日益增长的数码意识相一致，移动银行推动了银行服务的发展。这揭示出一种发展趋势，与金融机构正采用的多渠道方法有关。云计算代表了支持金融机构与客户互动的一种演变趋势。为新移动设备专门开发前端应用程序会是一种机会。它们将优化客户体验，从而扩展与客户的双向沟通。这种方案与所有主要的移动操作系统以及智能手机和平板电脑都是相容的。

云计算能够带给金融机构移动可操作性收益。通过精益化金融机构流程以及提供内部使用的移动应用程序可以实现这种收益，从而支持银行和保险业务。手机和平板电脑可为银行和保险提供新方案。例如，银行经理批准了贷款，但她/他不在办公室或工作站附近，她/他可以通过手机授权。或者保险业，可以通过手机来处理客户索赔，并能收到损毁情况的照片。

由于有了互联网这种无处不在的与客户接触、互动的实施渠道，移动设备和智能手机引发了电子商务的下一次革命。金融机构能够利用这种低成本的移动渠道。在旧市场和新兴市场上，它们都可以通过开发新的业务伙伴关系，进入那些无人看管、银行业和保险业尚未触及的新的细分市场。在这种市场背景下，金融机构必须确保它们是这场变革的一部分；它们应尝试拥有这种端对端的价值链，为代理机构、交易商以及其他第三方开发强大的客户数字商务功能。

金融机构能够开始充当推动数字商务的工具，例如：

● 在预购阶段，通过将金融机构与非金融机构的数据结合在一起，进行营销传播以及基于事件、基于地点的促销。

● 在购买阶段，从手机短信服务和移动应用程序提供融资服务、即时信贷和保险产品，到金融机构授权的移动电子钱包进行交易。

● 在购后阶段，发出可疑操作的声明或警告，接受客户的投诉。

作为远程业务模型组成部分，移动金融服务在成熟市场和新兴市场上都将被证明是非常有竞争力的战略。

价格侵蚀的风险是真实存在的，因为非金融机构开始了解核心银行服务，竞争变得更加激烈，越来越透明。电信组织或供应商的搜索引擎开始提供免费或廉价的金融服务，以便推行可获益的方案，保持客户忠诚度。机会是巨大的，大批像谷歌、贝宝（PayPal）、脸书、亚马逊这样参与者正致力于吸引客户。

在这种背景下，金融机构可以通过与电信组织、云服务供应商以及商户建立合作关系增加业务机会，就更有可能在新金融格局中立于不败之地。现有金融机构更易通过与成熟的电信组织缔结战略伙伴关系从而奠定低成本地位。

这种伙伴模型将是溢价的。在过去，金融机构行业通过求助于外部供应商紧跟技术创新的步伐，如 ICT 服务的供应商，但是对于移动银行服务，成功的金融机构需要更加灵活的框架；它们应迅速接受第三方作为服务和产品的供应商或者合资伙伴。

一些关键结论是：

● 移动电话具有复苏、革新私人金融服务客户体验的潜质。非金融机构的竞争者们正带头前进。

● 移动银行和保险业务将不断革新零售金融服务市场。

● 移动设备的特性与云计算一起，为三个领域的营销创新提供潜在收益：

  ● 高度便利的银行和保险业务。

  ● 数字商务。

  ● 开发和扩张新市场与细分市场。

（二）业务流程管理

云计算也可以支持金融机构内部流程的提升。为了实现这个目的，云计算需要与流程再造结合在一起。"精益和数字化"是将云计算充分用于流程再造的正确方式[41]。

1. 业务流程再造

相当多的金融机构正在摒弃原有的层级式功能组织模型，以便采纳流程导向的组织构架。当前，流程和活动的再设计与再造是组织提升的焦点。业务流程再造（BPR）是朝这个方向前进的正确方式：BPR 与 ICT 的结合使经理们可以利用基于事实而非主观判断的方法，分析并革新技术和组织。

近年来，BPR 成为观察、测量和提升业务流程的依据。它代表提升服务水平和服务管理控制的主要工具。目的是将 BPR 不仅作为高层管理的文化背景，而且是整个管理机构的实用工具。更远大的目标是从功能模式转变为金融机构流程的管理[42]。流程映射通过视觉模型将关于金融机构功能的知识形式化，该模型描述了流程的逻辑布局。映射并不是目的，而是一种手段，首先用于学习，然后用于提升金融服务操作的流程。

研究显示，通过映射认识流程只是变革的开始。BPR 需要以下特性来支持组织变革：

● 它必须被组织战略目标驱动。

● 在识别新方案的过程中，它不应受到现有情形的局限。它应着眼于重大变革，以确保结果有显著提升。

● 它应作用于一个或多个服务相关的端对端流程。

● 它应以一种整合的方式作用于流程的所有组成部分。

● 它必须将技术视为整体变革的促成者。

● 最后，它应使用一套指标来监控流程，并控制流程的进展。

2. 从 BPO 到 BPaaS

一种支持 BPR 的再造方案就是业务流程输出（BPO）。这意味着将整个业务流程或某个子流程的管理、运营和优化交给外部服务供应商，由该供应商负责执行任务[43]。在流程的战略控制以及与其他流程的整合依旧存在于组织内部的同时，外包流程或子流程的运营控制已经交托给了服务供应商。BPO 带来的收益有：

● 灵活性。

● 节约成本。

● 减少风险。

● 提升服务水平。

许多金融机构已经实施了 BPO，特别是在后台部门和 ICT[44]。在撰写本书的同时，预计到 2011 年，全球主要银行业务 BPO 市场将达到 70 亿美元，2012~2017 年将增长 45%[45]。

BPO 常被用以下组织使用：

● 需要与有效合作伙伴协作的各种规模的金融机构，金融机构将某些流程的管理和运营交托给合作伙伴。

● 消费信贷机构。

● 保险公司。

● 推销网络。

● 在线金融机构。

目前，多数外包金融服务流程分布在以下领域：

● 对渠道的支持。

● 中台和后台。

● 收集。

● 去物质化与文档管理。

在更相关的流程里也提供了服务，如营销、风险管理、技术侦察或战略支持。它们被称为知识流程外包（KPO）。

BPO 是业务流程在云端迁移的重要促成者。在这方面，云计算不应被看作是一种纯技术方法，而应是向业务流程即服务（BPaaS）转变的一种方式。在 BPaaS 中，整个或部分流程是在云端外包给供应商的。这样，金融服务行业可以将注意力集中在核心业务上：管理基金和风险。在这个方向已经有了许多举措。根据预期，它们会随着时间显著增多。BPaaS 是使用 BPO 的一种新兴模式。在 BPaaS 中，能够通过以网络为中心的多租户接口以及共享基础设施访问 BPO。

新的 BPaaS 服务正不断出现；它是下一个重要的云计算层面，最终将发展为云使能 BPO，这是因为传统基础设施、应用程序和 BPO 都成为云使能的。

长久以来，不同行业的业务使用的都是传统外包合约。而现在它们正考虑摒弃签订有着刚性交付结构的严格合约的念头；建立并支撑传统外包业务的支柱正面临巨大压力。劳动力套利、陈旧的技术和传统业务模式限制了商业有效性[46]，商业正在寻求更多的灵活性、创新，以及外包商的响应能力。BPaaS 提供了具有云计算所有收益的另一个选择。它们是一种与能够减少或消除资源需求的技术和卓越业务流程管理结合在一起的可变定价模式。当前的趋势有：

● 与其他行业相比，金融服务企业在利用云进行 BPO 方面，已经引领潮流。

● 提供传统服务的 BPO 服务供应商正发现越来越难以争取到新客户。市场已经成熟，正让步于新的服务交付方案，如云计算。

● 金融机构正意识到，BPaaS 有助于减少关键资本费用和成本，这是因为 BPaaS 免去购买昂贵的硬件、软件和人才的费用，使它们能够按照动态需求付费。

● 由于有了云，在许多情况下，可以从低成本的国家提供 BPaaS。

一些服务供应商正在提供强大的专有平台和应用模块，它们是为金融机构内部使用开发的，或是完全整合的方案，或是基于模块。分析员指出，到 2015 年一半的 BPO 活动都在合约里涉及 BPaaS 元素[47]。云将为不同类型、不同规模，位于任何地点的服务供应商提供平台。它们将有助于为传统外包服务重新注入活力，并推出新的服务。最终，一个关键影响是金融机构在重新商讨传统外包合约时会要求云 BPaaS 创新。

BPaaS 将继续增加它在 BPO 市场的份额。这种交付模式提供的收益超越了成本节约，因此将被广泛接纳。特别是对于特别缺乏资金的企业，该模式提供了实际商业收益。

对于 BPaaS，主要存在以下五个方面的担心：

● 长期承诺。

● 服务的连续性。

● 已经察觉的风险。

● 技术与 BPO 服务整合的复杂性。

● 特别是数据的安全性和私密性。

众多行业一旦有了越来越多的使用体验，那么需求就将开始增长。终有一天，越来越多的客户将分享他们的经验，特别是他们的投资回报。金融机构越发对这种灵活的服务感兴趣。云计算将成为支持 BPO 广泛使用的重要支撑。

三、技术创新

为了支持实现前文提到的产品和流程的提升，金融机构必须清晰地界定转变路径。这包含三个方面：

● 新的金融服务构架。

● 标准化。

● 来自技术的支持。

（一）新的金融服务构架

迄今为止，业务外包商已经能够为金融机构提供一系列完整的、整合服务，如完全外包、应用程序方案、设施管理、BPO、印制和邮件服务、业务信息处理，以及许多其他服务。然而，随着时间的推移，为金融服务行业提供 ICT 服务将遵循即插即用方式，新的分销渠道、产品、服务和流程，通过按需云整合方案交付。当前，金融机构使用的很大一部分软件是由在 ICT 系统里实施的一系列垂直解决方案组成的未来，云供应商和软件供应商将把应用服务扩展至 SaaS 和云计算环境，很有可能以一种整合的方式。

1. 参照架构

金融服务有许多参照架构，多数都与供应商相关。由于多数架构开始考虑云计算模式，这一点显得非常有趣。相关的例子有：

● 微软银行行业参照架构（MIRA-B）[48]。

● IAF 和 Cap Gemini（捷凯集团）架构 [49]。

● 银行业 Z 体系参照架构的 SAP [50]。

● 人寿保险参照架构 [51]。

以下三个逻辑层是理解金融服务行业架构参照基准构成的关键（见图 5-3）：

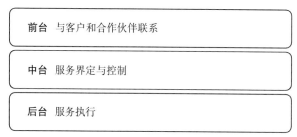

图 5-3　三个逻辑层金融机构流程分布

● 前台是交易面。它由所有以客户为中心的服务构成，这些服务可以被与客户联系的操作员直接激活，也可以被客户自己激活。它与渠道直接联系在一起。

● 中台确保交易的控制和处理。它代表了业务面（前台）和操作面（后台）的结合点。中台包括了所有旨在最大化供需匹配的共同目标。随着电子银行、手机银行和网上保险的普及，它的相关性增加了。

● 后台是操作面。它由所有不需要与客户直接联系的服务构成。

"前台"和"后台"这两个术语一般分别用来描述那些专门与客户直接接触的部门与专门执行运营的部门。

"中台"是最近才被提出的术语。在现代金融机构中，中台的概念和作用在不断延伸。在较早的金融服务模型中，交易由前台进行，然后交给后台结算和核算；随着网上银行和保险、风险管理功能，以及企业监管要求的发展，中台开始出现。"中台"这个术语一般指风险管理和控制功能。这是加快前台操作的重要方式。中台可以解放前台，使其得以进行面对客户的操作。与此同时，它为后台提供了更加清晰的输入项。

图 5-4 展示了一个通用金融机构参照模型。

然而，现实中，流程和子流程的层面分布更加复杂。该图显示的是包含了三个逻辑层的一般零售金融机构。

● 前台：由一系列传统和非传统的交付渠道构成。

● 中台：由确保控制和正确处理交易的流程构成。

● 后台：核心银行业务流程、辅助流程、核算与支持流程。

图 5-4 中的参照架构代表了宏流程的主要组成部分，该流程描述了金融机构内部功能的主要特征[52]。从这样的参照架构出发，再考虑到实际市场趋势，就可以界定出哪一种流程适用于向云模型迁移。

参照这样的架构，在决定云迁移路径时，必须考虑到后台应用程序的处理趋于更加稳定，而前台应用程序在特殊渠道中则往往经历急剧变化。为了减少整合成本，增加整个组织中的再利用，需要采用一种多层、模块式的方法来使用 ICT 架构，将商业服务从前台和中台流程中分离出来。

从战略业务视角出发，由云计算促发的金融机构创新会是驱动力，最终导致以下变化：

● 更加关注客户，而不是产品。

● 通过多渠道，在任何地点、任何时间，以任何可能方式，与客户互动。

● 更加精益化的前台、中台和后台。

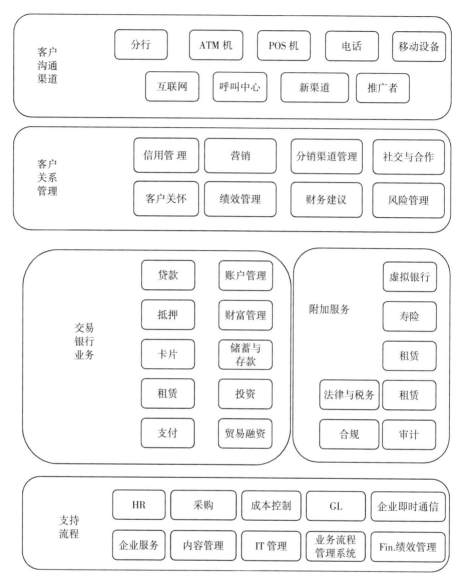

图 5-4　金融机构参照模型组成部分

● 和数字化紧密结合在一起的流程管理。

● 业务与 ICT 相一致。

另一个有趣的发展是将云计算用于协作和 ICT 管理。在本书写作的同时，ICT 市场刚刚经历了早期采用阶段，开始进入一个更加成熟的阶段。考虑到整体 ICT 产业及其未来发展，ICT 即服务的作用将产生深远的影响。

如今，金融机构需要重新设计流程、重新考虑在市场上的运营方式：

● 从专有技术基础设施转向基础设施即服务。

● 从专有发展、检测和部署平台到平台即服务。

● 从软件外包方案到软件即服务。

● 从 BPO 到业务流程即服务。

据预期，短期内更有可能的方式将基于混合云，即方案部分基于公共云、部分基于私有云。对于多数金融机构，这已成为现实；即便有自己的内部应用，它们也已经开始使用云服务，无论是交易转换者、网络供应商（如 SWIFT），还是信用卡发卡行、信用机构等。这些服务通常按使用收费，在云端而不是特定的计算中心处理。

对于其他应用程序，如核心银行业务和保险业务，依旧存在安全上的担心。短期内，私有云方案更受大型金融机构青睐。私有云可能是第一步，通过采用中间方案进行，如 IaaS。这将使利用云基础设施的计算容量、存储、网络以及其他资源成为现实，而不是交付具体的服务。多数外包供应商能够利用金融机构原有的应用程序，以一种节约成本、灵活、有效的方式在云端部署和运行这些程序。这样，金融机构将能实现：

● 更低的成本。

● 更高级的服务。

● 方案的持续开发和更新。

云使能的外包方案包含了各种类型的托管服务，它们被作为服务的组成部分被开发、捆绑和打包。

ICT 服务供应商在整体方案构架中利用了一项或多项云计算技术，或在业务流程、应用程序和平台，或在基础设施层。

如今，金融机构特别关注的是这种方法能够带来最大收益的领域：通过 IaaS 实现分布式技术结构中的高弹性，摆脱服务获取的通常逻辑的能力，收敛于 SaaS 模型的能力。金融服务产业正迈出使用云方案的第一步，专注于它已可能获得收益的领域，如一些 IaaS 模式和 SaaS 模式。

金融机构首先应该把云计算看作是一种网格，表明什么应该留在内部，什么应该迁移至云端。在中短期里，保留在内部的功能主要是核心业务流程，这些流程能够为组织增加价值、安全和隐私；而那些准备迁移至云端的流程则是非核心的，如 CRM、财务和会计、HR、采购、ICT 基础设施，以及行政管理。非核心业务更适合外包给公共云、混合云或社区云，这取决于数据的敏感程度以及规则限制。然而，近来基于云的方案也开始参与到一些金融服务的核心业务流程中来，最终导致更多的基于云的业务外包。服务供应商将能够以比以往更低的价格提供按需处理的能力。图 5-5 标出了可以迁移至云端的业务流程、功能，以及 ICT 构件（应用程序、平台或基础设施）；这些在中短期里将以"即服务"的形式提供。

2. 整合挑战

混合方案需要一个整合协调层面来实现最广泛的整合，这个层面提供了在任意多个 SaaS、公共云、私有云以及 ICT 构件之间进行数据交换的界面。此外，它通过自动执行业务规则来协调人工工作流、传统系统和云服务。

当云方案作为 ICT 构架的一部分时，存在以下三种整合情形：

● 原有应用程序与云应用程序在组织内部的整合。

● 云应用程序之间在组织内部的整合。

● B2B 在组织间的整合。

一般来说，必须考虑到云计算使用要求三个功能层[53]：

● 商业服务工厂（无论是私有的还是公共的），充当服务的提供者。

● 产品设计者，支持服务组装。

● 交付，消费服务。往往是支持前台和中台或其他服务（提供者或设计者）的应用程序。

这三个层面的整合带来了额外的困难。

是否存在可以提供这种整合的代理是重要的一方面。代理所起的作用与他们在真实市场上的作用是一样的：充当客户与供应商之间的中介，通过从供应商那里购买容量和功能，再将这些分租给用户。一名代理可以接收来自多名用户的要求，反过来客户也可以将要求发送给不同的代理。通过《服务水平协议》，用户、代理和供应商被他们的要求和相关赔偿约束，该协议根据各方都认可的指标规定了服务细节，奖励实现预期或惩罚违反预期[54]。

代理主要在云服务采购流程中起作用。

一些供应商正试图提供多个云的整合层，以提供云之间的冗余。也就是说，如果某个云下线的话，应用程序可以重新接入到其他云而不需要中断服务。

金融机构客户的数据和交易数据都存储在内部数据库中，该数据库专门用于存储各种敏感和私人数据。

3. 金融机构中云计算的中长期模型

图 5-5 展示了金融机构使用云计算的中长期模型。

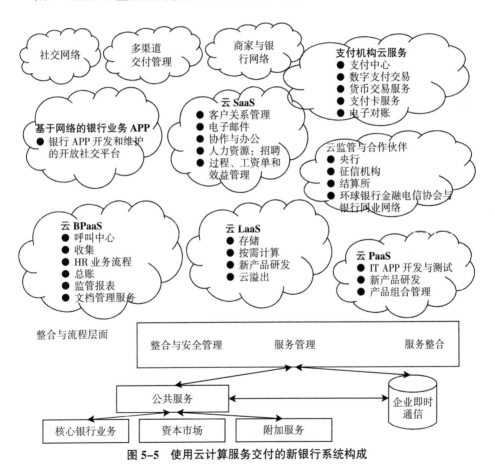

图 5-5 使用云计算服务交付的新银行系统构成

在 SaaS 方案中，云供应商可以提供的有：

● 云总账（GL），由按照金融服务部门的特殊需要定制的 SaaS 方案构成。

它实现了对一般账户和运营账户的完全管理，能够解释购买与库存、应付账款，以及资产管理与维护。

● 在云端的信息交流与协作，提供了整套协作工具。它使金融机构不仅能够提供内部交流而且还促进了与外部合作伙伴和客户的沟通。它集电子邮件、及时通信、文件共享、项目管理、共享合约、社区、社交网络和网络会议为一体。

● 云端的商业信息服务，由商业信息领域中的灵活服务构成。它们使金融机构可以充分理解它们的客户、评估他们的潜质，预防和修复资不抵债。

● HR 业务流程，正不断移至云计算提供的服务。有超过 30% 的人力资源业务流程外包都是以云服务形式交付的，甚至渗透到更为成熟的 HR 子流程，如薪资管理；据估计到 2014 年将增长至 43%[55]。高度自动化的 HR 流程正不断增加，如福利管理、午餐票，以及招聘流程正以 SaaS 和 BPaaS 的形式外包。

● 文档管理服务，涵盖了从设计到打印、包装、存储的整个文档管理操作流程。它包括流程的一些组成部分，如大量金融机构沟通、银行支票、银行本票、汇票、密码（借记卡和信用卡的密码、电子服务的密码）、索赔，以及内部使用的金融服务记录。将新的云工具和应用程序用于内容管理，需要重新定义文件生命周期不同阶段的管理方式。该目标包含多个方面：

- 数字化纸质文件，最开始要保证与相应副本并存。
- 为逐步减少或消除纸质文件制订合适的方案。
- 及时从文件管理扩展至内容管理。当前，这些服务与其他活动一同为金融机构提供支持，例如：
  → 在磁体媒介上进行存储，以及纸质文件去物质化。
  → 通过电子邮件或传真管理沟通。
  → 在沟通产生阶段和交付阶段进行辅助和监控。
  → 批处理过程的网络可视化。
  → 一般邮寄方案。

● 新的云计算文件管理服务，以端对端的模式，为金融机构在提升流程自动化以及促进电子文档交换等方面提供了支持。这些服务的特点是灵活，能适应多数一般标准。它们允许了更大规模的整合和更好的沟通质量。

IaaS 方案可能涵盖的领域有：

● 在云端存储数据，该方案在虚拟存储资源上迅速实现可扩展全球文件存储系统。

● 按需求计算，在按使用付费的基础上，提供对云端中心的服务器和存储的访问。对于大量计算，可按小时、天、周或年来付费。

● 云设施管理与桌面管理，指云存储桌面或存储在云端中的虚拟桌面。数据即服务（DaaS）将桌面转变为一种云服务，以便在 SaaS 和云计算模式中处理交易。可以在任何地点、任何时间，通过任何设备访问它们。这些服务提供了将 ICT 基础设施所有组成部分的管理交托给云供应商的可能性，如大型主机/服务器、中间件、独立工作站，以及其他设备。这将是全方位服务，相关服务包括技术支持、安全性、灾难修复和业务持续性，以及其他。云供应商为金融机构带来了计算能力、数据存储单元、服务器场，以及其他在系统分区里进行活动必需的所有硬件和软件，只能通过受保护的电信网络访问。不需要进行硬件或软件投资，所有的处理和维护都由云服务供应商负责。

平台即服务方案涵盖的领域包括：

● 云端中的新产品测试与开发，是指旨在更新金融机构应用程序的活动。由于市场变化的节奏不断加快，金融机构需要不断加速部署新产品和新服务。这个趋势集中在增值服务和功能上，并同时利用比如平台即服务这样的模式和方法来减少应用环境的运营成本。有了可通过网络访问的一整套的完全虚拟资源，金融机构的开发者能够满足不断变化的客户需求以及与越来越清晰的监管框架相一致的要求。

● 金融机构服务项目与发展的开放性社会平台，使金融机构得以利用社会媒体和众包，促使互联网和手机使用者使用将被整合入金融机构服务组合的新产品和服务。例如，由第一直接银行在 2011 年 8 月推出的类似方案，这是由汇丰集团控股的一家零售银行，可以仅凭借电话和互联网渠道进行运营。

其他专门针对行业的云方案有：

● 云端的分析功能；这指的是由为金融机构需求量身定制的一系列产品构成的云方案。该方案有助于以较低成本迅速部署共享商务智能和分析环境。有了

共享的分析智能，金融机构能够更加容易地连接新数据来源和使用者，更快地交付分析，以便：

- 提升对客户的关注。

- 取得运营和内部效率。

- 监控风险与合规。

- 访问分布式数据（如保险公司的代理数据）。

● 用于金融管理规划和控制的云方案；由整合的模块化平台构成。它们在金融机构集团和单个金融机构两个层面上为管理所有现金流实时贴现提供支持；管理收益来自成本分析和分摊的灵活性。该方案将各种功能整合在一起，例如：管理报表、业务报表、成本分摊、战略与运营规划。

● 用于监管报表管理的云方案；为监管部门直接提供报告。

● 基于云的电子支付系统，这是一种前沿支付方案，使金融机构能够为参与电子商务的公司或零售客户提供增值服务，或者使受电子支付的机构/组织接为客户提供便利。SaaS 电子支付方案在交易者的客户与相应金融机构后台系统之间建立起安全、实时的网上支付平台。

● 云端卡片服务，为卡片的发放、处理以及其他相关活动提供完全外包服务。涵盖了各种类型的卡片，如信用卡、借记卡、预付卡、支付卡、积分卡等。它们为卡片生产和管理、相关账户管理以及卡主管理，提供了便利。这些方案也提供其他服务，如争议管理、舞弊调查、收集，以及业务流程即服务模式中的呼叫中心。

● 基于云的收款服务，为付款机构提供支持，如 PayPal 提供的机构，开发全球收单市场。在这种方案里，金融机构可以选择的收单处理的外部服务供应商。

● 基于云的发票管理服务，将技术与软件方案相结合，使供应商的发票管理周期更有效率。通过去物质化和优化整个流程可以实现这一点，从发票生成，到收据、支付，再到最后的存储，不论这个流程是基于纸质文件的还是电子的。

重要的是，与云服务联系在一起的机会遵守了安全管理要求。应该基于相关成本和收益的初始评估对它们进行评价。有必要考虑对现有构架方案和所需投资的长期影响。

澳洲联邦银行的决策 [56]

澳洲联邦银行（CBA）宣布，它们不再购买其他构架、服务器、存储或网络服务设备。它们不愿被专用硬件、软件或网络方案锁定。

总部设在悉尼的澳洲联邦银行是电信管理论坛企业云领导委员会的成员之一，它根据云服务的使用情况来评估供应商。

澳洲联邦银行的评价概括了云计算带给金融机构的两大收益：

● 能够按需购买计算容量、存储、网络带宽等。这样，就可以只为使用支付，而不用预先购买硬件或软件，也不用支付预先设定的会员费。

● 当机构开始使用私有云或公共云时，可以快速顺利地提供并管理硬件、软件和网络服务。

（二）银行业务流程的互操作性、标准和自动化

全世界都在致力于实现 ICT 产品和服务之间的有效互操作性，从而建立起数字王国。互联网是展现技术互操作性力量的最好例子，它的开放性构架为全球数十亿人提供了互操作性的设备和应用程序。金融服务行业也发生了类似的事情。行业标准在金融产业支付流程的实施和界定中起了重要作用。支付标准专门为结构而设计，使个人、组织和金融机构之间的协作性商业场景相一致。

金融服务行业对 ICT 进行了大量投资；金融机构普遍在 ICT 的使用上处于领先地位。然而，在涉及金融机构内部系统和流程的系统化与产业化时，它们并不总能够根据要求轻松整合系统、使用新技术，或者适应商业变化。在成熟市场上，真正的差别是效益、效率、经济情况、道德规范（完全合规），以及业务流程的质量。通过应用程序和标准的整合式管理可以实现以上特征。然而，现实情况常常相当复杂，标准的分层是造成金融行业越来越复杂的一个因素。行业标准界定了金融服务行业业务流程互操作性的基础，特别是针对与其他金融机构或金融网络之间的资金结算 [57]。标准常常发生变化，市场采用的速度也不尽相同。云计算不应被视为一种孤立的现象；在信息系统与电信趋同的背景下，它是运算世界激进重组的普遍趋势。

云计算必将有助于金融行业更快地、以协作方式达到行业标准。这是一个尚未被完全解决的问题，寻找其解决方案将刻不容缓。

如今，标准的数量在急剧增长，因为金融组织开始为其内部业务流程采用标准，如贷款处理、现金账户、金库等。金融机构正准备利用这些新兴标准来改善协作业务流程并提高操作效率。在金融服务这个行业里，执行对于任务成功至关重要。

为了充分收获 ICT 部署的收益，必须进一步提升设备、应用程序、数据存储、服务以及网络之间的互操作性。许多金融机构投入了大量时间和资源来部署共享服务，并将后台功能的方案进行外包。但是很少有金融机构完全收获了与标准化以及向端对端全球交付模型转变相关的收益。云服务可以是帮助金融机构以更加及时且成本有效的方式解决技术和流程障碍的方案的组成部分。例如，金融机构可以考虑部署云报表和控制工具来提升所有部门和领域的监控。

这是目前的情况：

● 技术标准，如由 ISO 颁布的标准，提供了开放和互操作性的基础，如网络服务和 API（应用编程接口）。IFX 是一种新标准；它是一种开放性可互操作的金融信息传递标准，用于界定金融信息负载[58]。IFX 信息规范和以目标为导向的设计使它非常适用于网络服务。IFX 是为 SOA 设计的，但 IFX 平台的任务并不集中在界定标准化服务。

● 商务语义标准与语言为跨行业和行业特定标准提供支持，如银行业构架网络[59]。全球主要的金融机构、软件供应商，以及方案整合者都是 BIAN 成员。它在商务语义层面作用于定义共同行业标准银行业服务的迭代过程，并提供创意指导。其目的是在商务语义层面实施这些服务，并为在银行组织中实施这些服务提供指导。

● 共同标准可用于某些业务流程中，在某些情况中则由中央银行来规定。

诉之于云服务使金融机构能够通过后台系统拥有网络提供的必要信息，灵活高效地运营，并以促进互操作性的开放标准为基础。

通过云服务能够实现的商业收益有：

● 加快实现行业标准。

- 减少重复。

- 减少新标准投向市场的时间。

- 提升对运营的控制。

- 方案可按市场需求进行扩展。

- 整体成本的减少。

- 有助于减少与云服务供应商的锁定。

在欧洲，欧盟数字化议程委员会将标准和互操作性视为云计算的首要任务。欧盟委员尼莉·克罗斯（Neelie Kroes）在布鲁塞尔启动云计算中心时，指出[60]：

用户必须能够轻易迅速地更换他们的云供应商，就如同在许多地方人们可以轻易迅速地更换互联网或移动电话供应商一样。

全球标准化的努力已经对云计算产生重大影响。金融机构正准备利用这些涌现的标准以便：

- 提升合作业务流程。

- 提高行业运营效率。

各种云认证项目和基准已经被推出[61]。但是，事实上，对于在不同云之间迁移负载或数据尚未存在标准，这个难题等同于与某个供应商锁定，降低了灵活性，而灵活性正是云计算最吸引人的地方。

有可能强化用于监控多个部门流程的协作基础设施，从而建立起跨行业协作的景象。在这种新的情境中，标准将被定义，从端对端的角度来支持流程，并扩展金融机构提供的产品和服务的价值链。

意大利多斯加的尼皮斯托亚信用社已迁移至云端以便利用一系列协作工具[62]

尼皮斯托亚信用社已迁移至公共云以便利用以下工具：

- 电子邮件服务。

- 在分行中共享日程安排，以便为客户提供更好的服务，同时协调员工。

- 内部聊天，以提升沟通。

● 使用可视会议（在当时是 1 : 1，但正向 1 : n 发展）。

● 协作撰写并编辑文件。

（三）来自供应商的支持

为了实现云计算的全部收益，供应商必须非常出色。尽管这并非易事，但当他们运营良好，就开始了增长的良性循环。团队的假设非常简单：如果他们能够为客户提供好的服务，客户就会交给他们更多的工作。对于服务而言，需求增长意味着更多利润。这个循环会再次进行。厄尔·萨塞（Earl Sasser）、吉姆·赫斯克特（Jim Heskett）和莱恩·施莱辛格（Len Schlesinger）将这个循环称为"服务利润链"[63]。

> ### 莫索（Rackspace）的增长飞轮 [64]
>
> 莫索是一家在托管和云计算领域处于全球领导地位的企业。几年时间，它就从年收入 120 万美元、员工人数 100 人，成长为年收入达到 8000 万美元、员工人数超过 4000 人的企业。为实现这样的增长，莫索使用了以下方式。
>
> 首先，它必须控制自身的业务模式。企业首先调整了提供的服务。资源的缺乏迫使企业意识到原有的业务模式不再奏效；过去的业务模式将服务器硬件出租，由客户来摸索如何使用。现在企业希望提供云计算以及全套服务。
>
> 在吸取经验教训后，莫索公司决定提供优质服务。企业开始建设新的业务模型与文化以获取成功：
>
> ● 为获取高度个性化且高水准的服务体验，要支付更高的价格。
>
> ● 除了更高的价格，真正的关键在于客户的高保留率。
>
> ● 企业应基于价值选择网络，使用清晰且基于团队的激励制度。众多决策权交到一线人员手中。
>
> ● 严格的跟踪工具——定价工具、工作工具、保留工具——将使每位客户的收益率以及每个内部操作的成本清晰可见。

现今，莫索文化已经体现在一系列全心全意为客户服务的价值观中。为了实现这个目标，莫索特别依赖员工队伍，该公司尤其擅长人事管理。

（四）从私有云，到社区云，再到公共云

金融机构的情况有些特殊。明显的情况是，金融机构集团或联盟，或整个金融机构都认可共同要求。这样它们就进入到了社区云。

社区云是：

云基础设施由一些组织共享，为特定社区提供服务，该社区有着共同关注的问题（例如，使命、产品、市场定位、安全要求、政策与合规考虑）[65]。

直到今天，在欧洲，并没有多少大型、占主导地位、有影响力的金融服务供应商完成了向社区云的转变。有一些金融机构，如圣保罗联合银行，采纳了内部 ICT 方案或私有云基础设施。在一些欧洲国家，金融服务行业在遵循新基础设施与技术体系的方法和流程上明显区别于其他行业。在分析金融机构使用 ICT 基础设施的背景时，发现存在基于组织规模的差异。数据显示，大约有 95% 的中小型金融机构将它们的信息系统交托给外包商。例如，在意大利，Cedacri、SIA-SSB，或比如科锐富（CRIF）这样的信用机构，都是 ICT 供应商，它们为金融服务部门提供云导向的服务。它们的客户群大多由中小型金融机构构成，出于各种原因，这些企业更愿意去掉自身的 ICT 功能，因为长期合规独立运行的成本非常高。这个发现特别有趣。金融系统的一个特点就是小型运营商大量存在，它们大多活跃在区域层面，主要提供与零售银行业务相关的服务。

社区云供应商提供了 ICT 系统，该系统包含多个金融机构、多地址、多渠道和多语言。由于有了模块式、高度整合且参数化的架构，该系统可以很容易地按照单个金融机构的组织、操作需求进行定制。

南加州信用联盟为成员选择 Compushare 的技术管理方案 [66]

作为信用联盟协作的一个平台，南加州信用联盟（SCCUA）公开支持 Compushare 的整套技术方案。

Compushare 有限公司是一家在技术管理领域占领先地位的美国供应商，为金融行业服务。它是少数几家为金融市场提供完全计算云方案的供应商之一。Compushare 专注在全国为信用联盟的管理需求提供全套技术方案。凭借 Compushare 的技术管理和云方案，利用来自行业领导者的技术专长和支持，SCCUA能够为其成员提供成本有效的方案。

通过与 SCCUA 的合作，Compushare 为 SCCUA 全体成员提供了一套独特的增值技术方案，包括完全托管的云方案和成本有效的技术方案。这将使信用联盟成员能够将精力集中在核心业务和战略目标上。

一个云导向的金融机构社区案例 [67]

Cedacri 产业社区包括零售金融机构和一些非金融机构、商业银行、信用联盟、合作金融机构、房屋互助协会、小型商业金融机构，以及专门提供零售金融服务的专业机构。近年来，它也吸引了一些认识到共享技术基础设施的战略价值的大型金融机构。随着第一批社区数据中心开始在意大利运营，Cedacri 正与来自金融和工业环境的组织展开合作。

占意大利市场 10% 的相关金融机构，将大部分（即便不是全部）ICT 元件迁移至外部供应商。Cedacri 是此类服务在金融机构共享的一个典型例子，未来金融机构可以通过社区云访问它。通过遵循 SaaS 业务模式，去掉了金融障碍，小型金融机构能够以承担得起的价格享有 ICT 供应商服务的收益。

一些金融机构已迁移至这个新平台，在业务敏捷性和效率上正经历着转折性提高。成本与收益相匹配，而资本投入的负担和风险则转移给云供应商及其合作伙伴。

社区云已经存在于高等教育、医药以及其他市场，它们在中央和地方政府部门中也将越来越普及。这是社区云市场真实存在的另一个例证，揭示了如何为特定市场的特殊需求提供方案。

凭借此类云，金融机构能够以使用付费的方式，使用基于互联云的 SaaS 方案。

未来，通过授权给大量的机构和个人，新的公共云方案将提供转变社区云环境的机会。各地、各种规模的金融组织都可以利用社区云提供的丰富功能部署核心银行业务方案。它们不必投资购买多个软件许可、昂贵的硬件，或基础设施。

目前，对于一些金融服务功能而言，公共云似乎还是有风险的。原因包括安全隐私问题，以及对业务连续性和技术成熟度的担心。社区云提供的控制和安全显而易见，可能吸引了一批寻求以成本有效的方式访问核心应用程序的金融机构。在社区云中，云基础设施是共享的，它为在提升协作和保证安全方面有着共同兴趣的社区提供支持。

最终，金融机构可能迁移至混合云环境。这种方式将私有云、公共云和社区云与现有系统结合在一起，为满足每一家机构的具体需求提供合适功能。那么在更远的未来，金融机构就有可能将越来越多的应用程序迁移至公共云。

可以预见的是，大量金融机构的云计算使用都来自 BPaaS。越来越多的机构将把运营委托给外部。一开始，它们会把后台运营迁移至公共云，接着会慢慢迁移中台和前台应用（见图 5-6）。这与制造行业对运营和后台所做的改变类似。

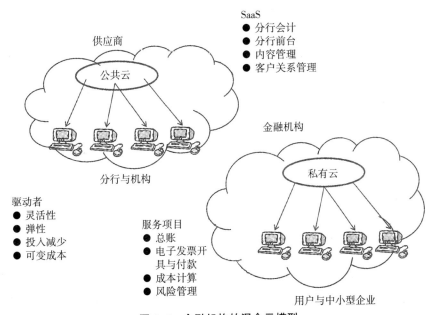

图 5-6 金融机构的混合云模型

纽约证券交易所的社区云 [68]

纽约证券交易所技术部已经建立了社区云。这个社区云被称作资本市场社区平台。它提供云计算服务，是其他垂直市场效仿的好例子。

多年来，金融服务公司，如投资银行和对冲基金，一直在交易的执行速度和量上进行竞争——每笔交易只需花费毫秒，就可以转化为价值数十亿美元的竞争优势。这样做时，它们发现无法战胜光速。如果一家机构需要迅速连接到股票市场，它需要距离处理市场交易的服务器尽可能的近。一种方法就是找到交易数据中心的位置，服务器要放置在尽可能离交易地点近的地方，或许在同一骨干网上。如果交易位于托管设施，最好的方法就是将金融机构的服务器置于它的旁边。这种方法带给大型投资银行明显优势，因为它们能够提供完整服务器并享有优先访问权。

为了能够创造人人机会均等的局面，纽约证券交易所技术部新的 IaaS 方案使任何规模的金融公司都可以在交易中处于同样的基础设施上。有了云计算，纽约证券交易所能够区分不同的金融公司，以及将金融公司与交易本身分离开来。它使纽约证券交易所控制了能够促进市场公平的途径。这样，金融公司可以在交易算法、市场洞察、知识这三方面进行竞争，而不是距离交易服务器的远近。这并不意味着大型金融机构不能将大量服务器场安置在交易附近，而是说赢得竞争不再取决于金融机构这样做的能力。纽约证券交易所付出的努力是社区云的经典例证。它被专门设计来满足特定市场的需求，对社区全体成员开放，使竞争从基础设施的角度变得公平。

四、结 论

金融机构的未来并不仅限于计算云。当汽车刚刚问世，人们最初的期待只是拥有一种不需要马匹的交通工具。事实上，早期汽车和马车非常相似，由木头和皮革制成。经过一段时间，人们发现汽车是与马车不同的。汽车开始显示出差异性。更多的技术被开始用于汽车制造：金属加工、电子、计算机等。汽车不仅在形状、大小等方面发生了改变，而且开始以一种强有力的方式对生活和经商的社会、经济模型产生影响。

我们预期同样的事也会发生在计算机上。未来并不仅仅限于云计算。未来，云计算将与社会、移动、网络、大数据、商业智能等相融合，从而提供一种新模型来支持三 C：客户（Clients）、渠道（Channels）和合作（Collaboration）。最终，这将改变社会、经济模型。这就是本书所要传达的信息。

我们借用达尔文的一句话作为本章的结束[69]：

存活下来的物种，并不是最强的和最聪明的，而是最能适应变化的。

任何产业的经理（特别是在金融服务行业）都必须考虑到，在任何特定时刻，如果他们不行动，别人也会。

云计算将经济学从固定投资引向可变成本。这减少了新进入者的进入壁垒。这些技术方面能够与新的规定（例如，那些有助于进入所谓支付机构的规定）以及更加普遍的网络访问相结合。所有这些影响可以引领有着高级功能的新进入者进入到金融服务世界[70]。

云计算是一种颠覆性创新。长远看来，云计算使金融服务起的作用与技术提供商、处理商、支付方式和连接提供商难以区分。

在短期内，金融服务应立即注重引导云技术，尽可能地利用它，同时要考虑到使用所带来的优缺点。与此同时，它们也应评估长期的情况；未来当然会存在风险，而那些更富创新精神、更勇敢的金融机构则能够将风险转化为机遇[71]。

注释：

[1] Redshaw, P. (2011) "Five ways to drive creative destruction with cloud banking", Gartner report, September 13.

[2] 在意大利国家科技产品制造商及资讯通信服务协会 2011 年对金融行业的报告中披露。

[3] ——(2010) Rapporto Assinform, Assinform, Milan, Italy.

[4] ——(2010) Project Europe 2030：Challenges and Opportunities, The Reflection Group on the Future of EU 2030, May.

〔5〕Mariotti, S. and Piscitello, L.（2002）"Le Banche multinational Italiane", Economia e Politica Industriale, 13, pp.151-166.

〔6〕Saccomanni, F.（2008）"II processo di Internazionalizzazione del sistema bancario: la presenza delle Banche Estere in Italia", Associazione fra le banche estere in Italia, February 19, Milano, Italy.

〔7〕Tarantola, A. M.（2009）"Intervention of the Vice Director of Bank Italia", Associazione fra le banche estere in Italia on November 20.

〔8〕根据欧盟委员会上一年度的报告，在意大利一个银行账户的年度支出大约是292欧元，创欧洲历史纪录。卡片的使用非常昂贵，但柜台操作和金融服务的佣金也是这样。两家意大利消费者协会Federconsumatori和Adusbef最近向意大利银行系统提交了批评意见：这两家协会甚至认为储户在柜台提现时受到了掠夺。

〔9〕"II processo di Internazionalizzazione del sistema bancario: la presenza delle Banche Estere in Italia. Intervento del Direttore Generale della Banca d'Italia Fabrizio Saccomanni", Associazione Fra le Banche Estere in Italia, February 19, 2008, Milan, Italy.

〔10〕De Nicolò, G. et al.（2004）"Bank Consolidation, Internationalization, and Conglomeration: Trends and Implications for Financial Risk", Financial Markets, Institutions and Instruments, 13（4）, November, pp. 173-217.

〔11〕例如，意大利联合商业银行集团。

〔12〕根据Nielsen（2009），有78%。Nielsen（2009）"Trust in advertising: October 2007 investigation", A Global Nielsen Consumer Report, New York, July 7。

〔13〕自2011年7月1日起，圣保罗联合银行推出一项新的客户服务：脸书上圣保罗联合银行。此举的目的是提供快速回答，支持新形式关系的发展，主要面向使用创新沟通渠道的年轻人。在脸书上的专页命名为"圣保罗联合银行客户服务"。

〔14〕Bolton, R. N. and Tarasi, C. O.（2006）"Managing customer relationships", in Naresh K. Malhotra（ed.）Review of Marketing Research, Volume 3, M.E. Sharpe, Inc., New York, NY, USA, pp. 3-38.

〔15〕——（2011）"Sicurezza, innovazione e riduzione dei costi: Credicoop Cernusco sceglie Google per la posta elettronica", http://www.credicoop.it/news/dettaglio_news.asp? I_menuID = 12317andhNewsID=70525, Retrieved May 13, 2012.

〔16〕http://en.wikipedia.org/wiki/M-Pesa, Retrieved May 13, 2012.

［17］ Perasso，C.（2011）"Totally immersive experiential marketing，Financial Services Club Blog by Chris Skinner"，July 27，http：//thefinanser.co.uk/fsclub/2011/07/totally-immersive-experiential-marketing.html，Retrieved May 13，2012.

［18］ http：//www.cajanavarra.es/en/，Retrieved April 12，2012.

［19］ ——（2010）"How cloud computing will transform insurers"，Accenture Document，http：//www.accenture.com/SiteCollectionDocuments/PDF/Accenture_Banking_Cloud_Computing.pdf，Retrieved August 17，2012.

［20］ 2009 年 9 月 16 日欧洲议会和委员会颁布的指令 2009/110/EC，关于电子货币机构业务的开始、开展和审慎监管，修订指令 2005/60/EC 和 2006/48/EC，废止指令 2000/46/EC。

［21］ http：//www.cedacri.it/wps/wcm/connect/Public/cedacri/inglese/financial +information/，Retrieved May 13，2012.

［22］ ——（2010）"Rilevazione dello stato dell'automazione del sistema creditizio"，CIPA，Ago.

［23］ ——（2011）"Scenario e trend del mercato ICT per il settore bancario"，ABILab's 2011 Forum.

［24］ ——（2011）"Rapporto"，Assinform NetConsulting. Assinform，Milan，Italy.

［25］ ——（2011）"The cloud dividend：part two"，CEBR Report for EMC2，London，UK，February.

［26］ ——（2011）"Indagine sull'utilizzo dell' ICT in gruppi bancari europei con articolazione internazionale"，CIPA and ABI，October.

［27］ ——（2011）"La caixa achieves business/IT alignment"，Unisys case study，http：//www.unisys.com/unisys/inc/pdf/casestudies/11-0055.pdf，Retrieved May 13，2012.

［28］ Weill，P. and Woermer，S.L.（2009）The Future of the CIO，MIT Sloan CISR Research Briefing，9（1），January.

［29］ "银行"一词源于意大利语 banco，意为台面。最早的银行成立于 15 世纪。与客户的关系发生在公共场所的台面上。

［30］ 然而，对于大企业客户，情况则是不同的。他们需要更加谨慎地审视并遵守更严苛的政策法规。

［31］ ——（2010）"Bank 2.0：SME banking in the cloud"，http：//bank2book.com/2010/06/24/bank-2-0-sme-banking-in-the-cloud/#comments，Retrieved May 15，2012.

［32］ ——（2012）"Cryptomatic invents cloud wallet"，Payments Cards/Mobile，March-April.

［33］http：//www.economist.com/node/15557465，Retrieved August 6，2012.

［34］http：//www.Itsbcf.co.uk/news/2011/August/small-business-should-adopt-the-cloud-says-expert/，03/08/2011，Retrieved April 12，2012.

［35］Orioli，A.（2012）"Poste volasulle <nuvole> per le Pmi"，Ⅱ Sole 24 Ore，May 3.

［36］——（2011）"L'occasione sociale è anche per le banche tra collaborazione，promozioni e client"，Computerworld，July 7.

［37］——（2012）"Osservatorio ABI della customer satisfaction della clientela privata-Sistema di analisi del posizionamento competitivo e di benchmarking-Edizione 2012-2013，ABI document，Rome，Italy.

［38］——（2012）"Stakeholder engagement，IntesaSanpaolo Report con stakeholder engagement 2010"，May.

［39］——（2011）"Ⅱdomani supera anche il computer"，Sole24Ore，Milan，Italy，January 2.

［40］Hughes，N. and Lonie，S.（2007）"M-PESA：mobile money for the Un-banked turning cellphones into 24-hour tellers in Kenya"，Innovations，Winter/Spring，2（1-2）：63-81.

［41］Nicoletti，B.（2010）La Methodologia del Lean and Digitize，FrancoAngeli，Milano.

［42］——（2007）"Dalla mappatura dei processi al business re-engineering"，Document ABI，Rome，Italy.

［43］——（2009）"L'attualità dell'outsourcing：le promesse del BPO"，Azienda Banca，March，pp. 74-79.

［44］Rachel（2012）"UniCredit and HP to optimize payroll production，human resources processes"，May 8，http：//www8.hp.com/us/en/hp-news/press-release.html? id=1233868#.T7AYb-jt_pc. Retrieved June 4，2012.

［45］——（2012）"Core banking BPO industry assessment and forecast"，NelsonHall，http：//www.procurementleaders.com/news-archieve/news-archieve/global-banking-bpo-to-soar-by-2011-research-claims? highlight=cloud%20banking，Retrieved June 4，2012.

［46］经济学家史蒂芬·罗奇（Stephen S. Roach）描述了全球劳动力套利现象（Roach，S.（2010）The Next Asia：Opportunities and Challenges for a New Globalization，J. Wiley and Sons，Hoboken，NJ；1st edition，October 5，5）。它是一种经济现象，是指将已失去壁垒的国际贸易和工作转移至劳动力或经商成本低廉（如环境管制）的国家，或者将贫困劳动力转移至工资水平较高的国家。

［47］ McCracken，B.（2011）"Business process as a service-the next wave of BPO delivery"，http：//www.outsourcing-center.com/2011-02-business-process-as-a-service-the-next-wave-of-bpo-delivery-article-42948.html，Retrieved May 13，2012.

［48］ ——（2012）"Microsoft industry reference architecture for banking（MIRA-B）"，Microsoft Document，May.

［49］ IAF and Capgemini（2007）"Enterprise，business and IT architectures and the integrated architecture framework，" http：//www.capgemini.com/m/en/tl/Enterprise_Business_and_IT_Architecture_and_the_Integrated_Architecture_Framework.pdf，Retrieved January 15，2013.

［50］ Gerwens，H.（2008）"SAP for banking on system z reference architecture"，SAP Community Network，http：//www.sdn.sap.com/irj/scn/go/portal/prtroot/docs/library/uuid/a00e4718-314f-2b10-19a6-a76f25addaf? QuickLink=index&overridelayout=true，Retrieved January 15，2013.

［51］ http：//lifeinsurance.codeplex.com/，Retrieved August 19，2012.

［52］ 该图由 Bokur（2011）的插图作者修改。Bokur，A.（2011）同上.

［53］ ——（2012）Microsoft Industry Reference Architecture for Banking（MIRA-B），Microsoft document，May.

［54］ Buyya，R.，Yeo，C. and Venugopal，S.（2008）"Market-oriented cloud computing vision，hype，and reality for delivering IT services as computing utilities"，Proc. 10th IEEE Int. Conference on High Performance Computing and Communications，HPCC 2008，Dalian，China，September.

［55］ ——（2011）"The cloud dividend：part two. The economic benefits of cloud computing to business and the wider EMEA economy.Comparative analysis of the impact on aggregated industry sectors"，CEBR for EMC2，London，UK.

［56］ Crosman，P.（2010）"BS and Tsurvey：banks take to cloud computing"，BSandT，August 16.

［57］ 引入了 UNIFI 或 ISO 20022、SWIFT、XBRL 等标准。

［58］ www.ifxforum.org，Retrieved August 14，2012.

［59］ BIAN（2009）"Banking industry architecture network，BIAN's relationship to other standards initiatives"，BIAN Positioning White Paper，Version：1.0，September 10；http：//bian.org/，Retrieved August 11，2012.

［60］ David，M.（2011）"The EU calls For cloud support standardization"，http：//siliconangle.

com/blog/2011/03/24/the-eu-calls-for-cloud-support-standardization/, Retrieved June 1, 2011.

[61] http://cloud-standards.org/wiki/index.php? title=Main_Page, Retrieved May 14, 2012.

[62] http://www.pmi.it/technologia/software-e-web/articolo/51503/le-aziende-italiane-hanno-scoperto-google-apps-for-business.html, Retrieved May 12, 2012.

[63] Heskett, J.L., Sasser, Jr. W. E. and Schlesinger, L. A. (1997) The Service Profit Chain, Free Press, New York, NY, USA.

[64] 这个案例中的信息来自 Sasser, Jr. W. E., Heskett, J. L. and Ryder, T. (2010) "Rackspace hosting (2000)", Video product number 9-811-701, Harvard Business School, Boston, MA, USA.

[65] Di Maio A. (2010) "Community clouds from governments to banks will challenge vendors", http://blogs.gartner.com/andrea_dimaio/2010/04/27/community-clouds-from-governments-to-banks/, Retrieved May 14, 2012.

[66] ——(2011) "Southern California credit union alliance endorses Compushare's technology management solutions for its credit union members", Marketwire, August 18, 2011.

[67] Bevilacqua, E. (2012) "Cedacri: una piattaforma per mettere il cliente al centro di tut-to," ZeroUno, Mag.

[68] 改编自 Staten, J. (2011) "Are banks using cloud computing? A definitive Yes", For-rester, June 1.http://blogs.forrester.com/james_staten/11-06-01-are_banks_using_cloud_comput-ing_a_definitive_yes, Retrieved March 15, 2012.

[69] Megginson, L. C. (1963) "Lessons from Europe for American Business", Southwestern Social Science Quarterly, 44 (1): 3-13, at p.4.

[70] Cowan, C. et al. (2012) Finance in the Cloud, A report published by Value Partners Management Consulting Ltd., London, UK.

[71] Cowan, C. et al. (2012) 同上。

第六章　案例研究：意大利联合商业银行集团

本章介绍一个商业案例，讲述云计算对意大利联合商业银行集团的影响。旨在回答云计算是否是适合金融机构的模型，以及它是否能带来收益；同时也提供一种可能的入门路径。除了提出技术方案，该案例之所以有意思是因为它揭示了通向云计算模型的路径。

意大利联合商业银行集团是一家全球银行，其总部设在意大利。该集团在不同的细分市场上运营，涵盖不同的业务环境。它提供全方位的银行产品和服务——零售、商业、私人等。

在过去几年中，该集团在 ICT 基础设施的管理模式上经历了根本性改变。其目标是提高业务与技术环境的一致性。这个更新过程彻底变革了管理技术资源的方法。

目前，意大利联合商业银行集团决定使用私有云模式来为集团及其分支机构提供支持。

一、意大利联合商业银行集团[1]

意大利联合商业银行集团是意大利最大的金融服务企业，客户人数达到了1080万人，有5600家分支机构。它同时也是欧洲最大的金融服务企业，在家庭和商业的金融活动方面处于领导地位，在银行中介、养老基金、银行保险、资产

管理和保理领域尤其活跃。

该集团通过各地分支机构进行战略性地域覆盖，是中欧、东欧、中东和北非13 个国家中最大的银行集团之一。2011 年，它在塞尔维亚排名第一，在克罗地亚和斯洛伐克排名第二，在阿尔巴尼亚排名第三，在埃及和匈牙利排名第五，在波斯尼亚和黑塞哥维那排名第六，在斯洛文尼亚排名第八。

截止到 2011 年 12 月 31 日，意大利联合商业银行集团拥有[2]：

● 总资产 6390 亿欧元。

● 客户应收款 3770 亿欧元。

● 直接存款 3570 亿欧元。

意大利联合商业银行集团的运营结构分为六大业务单元，为不同客户服务。集团专门设置了企业办公室，为整个集团提供指导、协调和控制。

六大业务单元分别是（见图 6-1）：

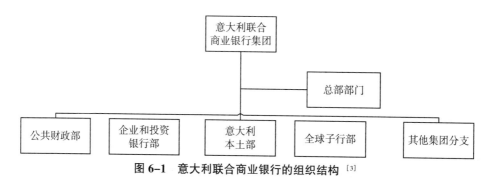

图 6-1　意大利联合商业银行的组织结构[3]

● 意大利本土部，包括了在意大利的子行。该单元基于支持并加强与个人、家庭、中小型企业和非营利机构的关系的模型。私人银行、银行保险和工业贷款也是该部门的一部分。

● 企业和投资银行部，从中长期角度为客户提供支持，促进企业和金融机构在国内、国际的发展。主要活动包括企业银行业务、结构性融资、通过其下属的意米银行开展的资本市场，以及租赁、保理和商业银行业务。

● 全球子行部，包括在意大利境外进行零售和商业银行业务的子行。

● 另外三个集团分支是：

● 公共财政部，通过集团下属的银行基础设施创新与开发部在公共财政领域运营，为公共事业的基础设施和服务提供融资。

● 欧利盛资本公司，意大利居于领先地位的资产管理者，管理近 1400 亿欧元的资产。

● Banca Fideuram，意大利领先的金融咨询公司，拥有 4779 家私有银行和 98 家国内子行。

新的意米银行成立于 2007 年 10 月，由意大利两家重要的金融机构卡波托（Caboto）银行和原意米银行合并而来。意米银行在主要的国内市场和国际市场经营，在米兰、罗马、伦敦和纽约（意米证券公司）均设有办公室。

意米银行属于意大利联合商业银行集团的企业和投资银行部。它是集团的投资银行，如图 6-2 所示。

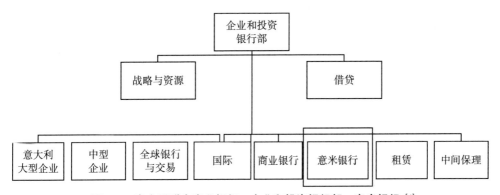

图 6-2 意大利联合商业银行、企业和投资银行部、意米银行[4]

企业和投资银行部代表了集团营业总收入的重要组成部分：2010 年 12 月 31 日，占 23.5%[5]。

意米银行为银行、公司、机构投资、政府和公共管理提供服务。在特殊的金融、证券交易中，它在股权和债务布置方面表现突出。

意米银行的组织模型体现了其专业领域。它由三个业务单元构成：[6]

● 资本市场。

● 投资银行。

● 结构性融资。

由于意大利联合商业银行集团有着一批国内、国际合作伙伴，意米银行在结

构性融资领域长期居于领导地位。它通过中长期融资业务来为国内、国际企业客户的成长提供支持。它有着充当财务顾问的丰富经验，特别是在房地产、项目和行业专业贷款领域。它帮助客户公司筹集风险和债务投资。它提供财务咨询服务。它为公司、机构投资者和地方当局精心组织风险管理产品。

意米银行通过以下的方面领导着结构性融资国内市场：

● 企业结构性融资交易。

● 使用项目融资、收购和专业贷款，在国内、国际市场上进行复杂融资交易。

● 为企业量身定制方案（为本土部的客户提供结构性融资、证券化和风险转移，以及企业贷款）。

● 通过辛迪加交易的联合组织与市场定位，管理市场风险。

● 为意大利和全球房地产市场提供财务顾问和结构性融资。

作为主要的市场参与者，意米银行开展的主要业务包括：

● 在国内、国际环境下的经纪业务，以及衍生品和金融工具的交易与做市活动。

● 创新产品和衍生品的组织安排与管理。

● 在欧洲的股权融资、融券和大宗经纪活动。

● 金融产品安置。

● 市场和产品调研。

意米银行为包括公司、金融机构和政府在内的客户群提供了广泛的产品和服务。此外，意米银行还精心组织和开发零售市场产品。多数产品通过意大利联合商业银行集团的本土部网络以及第三方网络进行分销。

意米银行所使用的金融工具评估程序，完全集中在母公司意大利联合商业银行的风险管理部。该部门的主要任务包括：

（1）为评估、识别、认证和处理市场数据和来源。

（2）定价模型和模型风险评估的认证。

（3）监控定价模型在一段时间的一致性。

（4）工具的重新定价。

（5）基准的监控。

二、背 景

金融市场波动日益加剧，促使从事资产管理的金融机构引入先进的风险控制技术以及绩效测量流程。这些对于维持组合投资产品的适度风险/回报系数至关重要。

作为迎接这些挑战的第一步，意米银行与集团的风险管理部一起采用网格计算技术，最近开始使用云计算。这些技术基于三个网格支持平台：Murex、Layer和风险管理服务：

● Murex 在交易和风险管理平台领域属于市场领导者之一，由投资银行、公司资金、资产经理和对冲基金使用。这个风险管理平台用于测量当期出险和未来潜在出险、信用风险值、信用评估调整，以及交易对方风险度量的增量变化[7]。通过 Murex 平台，意米银行提升了它的结构性产品交易基础设施。同时该行也能够加强自身的直通处理能力以及对定价和风险分析的计算支持。自 2013 年 1 月，Murex 被接管。据预测，它们的产品系列将继续得到延续并进一步开发。

● Layer 网格指的是所有部署离散业务程序的平台。

● 风险管理平台指的是风险管理部集中使用的计算基础设施。

三、ICT 架构的最初情形

这些平台是在不同时间应要求开发的。因此，它们的操作是相互独立的。它们有着：

● 不同的硬件架构。

● 不同的操作系统。

● 独立的网络。

从业务角度出发，由于下述原因，意米银行面对更多的担忧：

● 对计算容量越来越多的需求。

● 控制和管理风险不断增加的复杂性。

独立的 ICT 基础设施管理使银行不能共享网格平台。意米银行组建了工作组来审核集团的 ICT 基础设施；该团队的任务是优化集团内部已有的 ICT 基础设施。

意米银行还必须面对将结构性产品纳入组织风险管理基础设施的挑战。

四、目标描述

意大利联合商业银行集团决定部署私有云基础设施，由内部 ICT 部门运营和管理。

与此同时，意米银行正面临庞大的并购流程，于 2007 年加入意大利联合商业银行集团。

私有云注重 ICT 设施的整合，而整合流程的最后一步就是利用基础设施即服务模式来开发和部署私有云。

目的是：

（1）升级和巩固 Murex 和 Layer 网格。

（2）创建风险管理网格，这之前该网格并不存在。

（3）将 Murex、Layer 和风险管理网格整合、联合成单一的金融网格，以私有云基础设施的形式出现。

成果是形成了管理金融工具和场外衍生工具以及风险管理操作的单一联邦金融领域。

这些介入被设计用来确保新服务执行平台的可用性。该平台在为集团提供支持时应能动态调整数据处理服务的供给能力。目标是提升以下四个方面：

● 进入市场的时间。

● 绩效。

● 灵活性。

● 易管理性。

五、向私有云和共享服务模型迁移

该集团已逐步向私有云和共享服务模型迁移。这个过程持续了几年，由以下三个步骤构成[8]：

（1）2009 年，风险管理部（RMD）成立团队，对内部技术基础设施进行评估。

（2）2010 年，RMD 对已有 ICT 基础设施进行最初巩固与整合。

（3）2011 年，巩固与整合流程继续，达到私有云的整合水平。

该项目的目标是不断虚拟和巩固信息孤岛。信息孤岛在地理位置上分散的，相互间缺乏或没有联系。

最初评估之后，团队安排了介入基础设施，为升级计划筹备活动，它们于 2010 年完成升级：

● 通过精简应用程序，升级 Layer 网格。

● 升级 Murex 网格。

● 统一这两个网格（Layer 和 Murex）。

● 为风险管理部建立新的风险管理网格平台。

● 启用清理[9]。

● 最终的评估与经验学习会议。

私有云带来了下列收益：

● 避免采购额外 ICT 资源的需求，通过优化已有资源的使用，显著减少资本支出。该网格的进一步扩展只需软件授权，而不需追加硬件。最大化现有资源的再次利用意味着抑制对额外基础设施的需求。

● 通过在各个分支机构和部门共享计算资源，获得更大的计算容量，使资源得以更广泛的利用。不过，如有需要，还是可以区分和隔离对每种应用程序的需求。这样，集团在自发环节中获得了更多的计算能力。

● 由于业务需求与网格平台性能相一致，缩短了推向市场的时间。

该团队组建了卓越中心来监控应用服务器平台网格。其目的在于改进应用程序演进的动态过程，以适应新的云基础设施资源配置。

（一）Murex 网格在意米银行的整合

在整合项目中，Murex 网格的整合涉及对意米银行 ICT 系统进行构架式审核。至 2010 年年底，该团队已经实现了以下成果：

● 更高程度的技术性精简：在 Layer 网格进行干预，通过去除两个应用程序实现。

● 节约：通过合约自然期满来实现。

● 由 Layer 网格与 Murex 网格版本一致性实现的创新。这种演进是通过在 Layer 网格进行介入实现的。

● 由升级导致的网格绩效提升。

● 由意米银行基础设施一体化和标准化导致的整体系统更加精简。

由内部影响评估得到的技术可行性研究结果，总结了以下成果：

● 项目进行中未发生服务中断：没有客户投诉工作站出现延迟或异常现象。

● 计算容量得以提升（夜间翻倍），不需要投资购买新硬件，甚至不需购买基本许可证。

● 稳定的维护成本：没有额外维护操作费用。

● 可使用两套不同的操作系统进行虚拟化。

● 通过共享风险管理部服务器，意米银行的服务器容量得以增加。意米银行可以利用快速应用程序开发（RAD）来执行活动（Murex 层）。

● 由于安装并激活了用于管理网格的联合模块，实现了现有处理能力的动态配置。

（二）私有云演进

2010 年 Murex 层与风险管理层的整合带来了收益。与此同时，也找到了需要关注的新领域。ICT 部决定向私有云模型迁移。

自 2011 年以来，关注的领域有：

● 在基础设施共享方面进一步的联合。启用其他服务器场（例如，在都灵、米兰和帕尔马的服务器场）以便共享。现在它们已成为云基础设施的组成部分。

● 云使用者不断增加：新的使用者通过多代理和联合器接入到云。

● 清理：这个步骤在于核实是否有可用的机器，除了那些在风险管理部每天只使用一段时间的机器。目的在于克服清理限制；通过使用尚未被使用的 PC 设备来克服当前的计算限制，代表着高峰时可使用的计算能力储备。这将导致可用硬件资源的扩展，以及克服清理限制。这一点可通过检查米兰和帕尔马服务器机房或其他地区是否有额外的可用硬件资源实现。一旦发现可用且尚未被接入的资源，可将其加入到云端的共享资源。

● 网格和共享资源的不断升级将会增加云端共享应用程序的数量与类型。例如，办公室应用程序，如 MS Office。

（三）为未来计划或评估的活动

团队正在对将其他应用程序扩展至私有云进行评估。首先要做的是评估收益、执行所要付出的努力，以及运行成本。

以下干预措施将会带来提升：

● 巩固网格基础设施，以便利用可用硬件。

● 建立备用容量，以便在高峰时还能够维持性能水平稳定。

● 为能够共享新的基于不同操作系统的统一网格，进行虚拟化。

● 更好地利用联合器；对网格进行更加动态的管理。

● 建立单一金融网格。银行可以通过合并意米银行网格和 DRM 网格来实现这个结果，由联合者进行组织协调，同时虚拟化以达成资源共享。

六、案例研究结果

云计算运行在虚拟化之上。意米银行已通过在现有网络、存储和安全堆栈上建立虚拟服务器来部署虚拟化。由于所有这些技术的协同,私有云项目已经收获了额外收益。其结果是后端系统的互操作性。

银行实现了基础设施即服务模型。每一个内部使用者都可以访问联合资源整合池,在需要的时候,以所需要的方式,按需建立和使用它们自己的 ICT 基础设施。

带来的收益有:

- ICT 元件的巩固与标准化。

- 提升了资源的虚拟化与共享。

- 迅速扩展性。

- 提升了整体计算容量。

- 提升不同服务之间的资源共享。

- 提升了速度和效率。

- 对于可用资源更高程度的控制。

- 更好的风险管理。

股票挂钩以及其他类型的结构性产品属于要求最为严苛的金融工具。它们必须被合适地测量与管理,它们的复杂性要求高度精准的定价分析。新私有云的开发使意米银行能够迅速将复杂的结构性产品推向市场,并同时控制风险;新的内部云使意米银行具备了将新的结构性产品快速整合到风险管理平台的能力。

七、从物理基础设施到私有云：意大利联合商业银行集团通向 ICT 即服务之路

云计算模式的应用最初仅限于意米银行和意大利联合商业银行集团的风险管理部，它已经发展成了规模更大的项目，涉及整个集团。这一次，许多法律实体作为单一银行集团的组成部分，也参与到整合和联合过程中来。项目范围更广，包括更多业务单元、法律实体和分支机构。这种情况有了不同的目标：开发基于云的构架，了解并检测金融机构介入必须遵循的步骤和方法。

意大利联合商业银行集团从 ICT 实体资源到私有云的发展之路包括了以下步骤：

- 从物理资源到虚拟资源。
- 从虚拟资源到服务技术。
- 从服务技术到 ICT 即服务。

（一）从物理资源到虚拟资源

ICT 基础设施的整合与虚拟化是实现云生态系统的先决条件。在这个阶段，虚拟层提供了基本元件：

- 虚拟存储。
- 备份基础设施。
- 网络。
- 随机访问存储器。

更多资源来自每个技术领域的物理元件的虚拟化。[10]

（二）从虚拟资源到服务技术

服务交付平台促成了基础设施的自动交付。可能存在多个交付平台，每个平

台都显示了基础设施配置目录。在每一个交付平台里，单个技术元件被恰当地整合在一起构成服务技术的要素。

（三）从服务技术到 ICT 即服务

云服务管理平台聚集形成服务，服务要素由每一个交付平台来概括。这样，终端用户可以通过门户网站使用服务[11]。

八、私有云项目的背景和范围

意大利联合商业银行集团已经开始向私有云计算模式转换，目标是在银行以及分支机构内创建服务。

这种演进意味着一种既重视使用技术又同时调整操作、管理和组织模型的业务转变过程。

私有云的第一个项目同时涉及两个主题：

（1）界定云路线图：目的是界定和构建意大利联合商业银行集团私有云 ICT 服务的演进路线，与中长期计划有关。

（2）私有云版本 1.0：根据路线图界定阶段找到的参照结构模型建立第一个私有云平台。这个云平台处理了初始、最紧急的需求。

一旦完成了第一个项目，该集团就将推出新的项目，包括：

● 私有云版本 2.0，这是私有云版本 1.0 的改进版本，包括了更多的 ICT 元件、业务功能和流程。

● 技术构架远景：在银行推出了第一个和第二个版本后，它正筹划开发更具备"即服务"特征的模型。随着银行采纳全球产业和技术标准，以及在完整的金融价值链中推行高度自动化，这代表了转变过程中更加高级的阶段。

（一） 银行采用的方法

为了实现这种远景，意大利联合商业银行集团制订了中长期计划。采用的方法包括：

● 界定功能参照构架，它将涵盖当前以及未来的需求。

● 找到向云计算迁移的不同路径。评估每一条路径的不同替代方案、收益、技术可行性和成本。

● 对于每一条路径，评估与功能参照构架以及生态系统一致的技术和工具。

● 在众多可能方案中，找到最适合的转变路径，要考虑到影响、成本和时间。

● 为开发基础设施即服务和平台即服务设计路径图。

（二） 私有云版本 1.0

依据在界定路线图阶段找到的一条转变路径，银行开始实施版本 1.0 [12]。

版本 1.0 的目的是检测所选择云计算方案的稳健性和可管理性，并为其结构性引入制定指导方针。

应用的业务领域有：

● 接触点。

● 应用检测。

● 设计 ICT 技术设施即服务的原型。

● 检测平台。

（三） 私有云版本 2.0

第二个版本 [13] 是第一个版本的改进，增加了新的云服务。平台提供的服务有：

● 技术设施即服务。

● 平台即服务。

● 存储即服务。

● 软件即服务。

除了已经被第一个版本涵盖的，其他可能的应用业务领域也在考虑之中。

九、意大利联合商业银行集团从私有云获得的收益

通过这些努力，该银行在效率、可扩展性和灵活性方面获得了收益，如图6-3 所示。

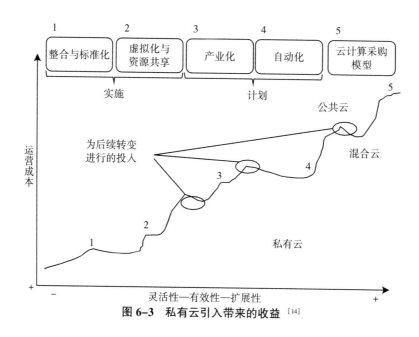

图 6-3　私有云引入带来的收益 [14]

如今，该行已经实现了高水平的整合化、标准化和虚拟化。由于这些介入措施，资源被聚集到一起。

如图 6-3 所示，第一个版本是将银行投射向更高水平的云浪，直到曲线的顶部，向云服务采购模型推进。投资越大，内部 ICT 构架越接近私有云，集团活动的整体运营成本就越低。

图 6-3 中的点数 1 到 4 标明了投资的时间与类型。这些条目指的是不同的介

入阶段：

（1）整合与标准化。

（2）虚拟化与资源共享。

（3）产业化。

（4）自动化。

（5）云服务采购模型。

在转变过程中，会出现运营成本的暂时增加（短期）。然而，当成本达到峰值后就会回落，这是因为启动了校正措施（中长期）。

图6-3中的圆圈标明了运营成本开始下降的点，这是由以下原因造成的：

● 巩固努力。

● 效率提升。

● 经过了学习曲线。

● 资源共享。

整个系统变得更有效率、更加精简。控制水平也变得更高，特别是在完成第一步和第二步之后，此时该集团达到了高度自动化，可以更加精准地协调ICT服务。

十、结 论

金融、经济危机为我们提供了停下来对传统方法重新进行思考的契机。将"低成本高回报"看作其本质的金融机构，正在向下一代ICT应用程序和基础设施交付模型过渡。

在受到投资和成本限制的情况下，金融机构必须变得更加灵活、敏捷，能够迅速适应新的市场挑战。它们必须采用新的方法来使用信息通信技术。

向这个方向努力的最佳方式之一就是成为学习者，并且使用更多的数字化。方法和技术，如果能被以正确的方式利用，则是提升有效性、效率、透明度和经

济的强大工具，能够不仅为客户而且也能为组织本身提供更加高级的服务。

金融机构正开始探索将云计算模式作为转变方式之一；它能提升效率和灵活性，节约大量成本，使成本再次分摊到以客户为导向的项目和服务中。借用意大利联合商业银行集团高管的话，未来存在于"服务云"[15]。

本章提供的案例研究证实了云计算是既适合又可应用于金融机构环境的模型。云计算必定会带来收益。意大利联合商业银行集团已经开始对 ICT 系统管理模式进行根本性改变，旨在提升组织、流程和技术的一致性。这种改变变革了该集团对技术资源的管理并将持续下去。目的是提升带给客户的价值，不论他们是内部的还是外部的。意大利联合商业银行集团将为客户服务部的正式名称改为价值部绝非偶然。

意大利联合商业银行集团的案例证实了本书论点的正确性。云计算代表着金融机构创新的根本机遇。通过建立虚拟共享的 ICT 设备，整合并合理化 ICT 项目和成本，就可以实现这一点。云计算是一种"颠覆性创新"，很有可能重新定义金融系统未来的运营模式。

ICT 即服务将会产生根本性影响。当前金融机构需要重新设计它们的流程，重新考虑它们在市场上运营方式。基于以上发现，可以预见在未来云服务的使用将会大大增加。

注释：

[1] www.intesansanpaolo.com，意大利联合商业银行集团的网站.

[2] http：//www.group.intesansanpaolo.com/scriptIsir0/si09/governance/eng_assemblea_azionisti.jsp？ tabId =2012#/governance/eng_assemblea_azionisti.jsp% 3FtabID% 3D2012，Retrieved June 2，2012.

[3] 资料来源：机构网站，www.intesansanpaolo.com，Retrieved August 11，2012.

[4] 资料来源：机构网站，www.intesansanpaolo.com，Retrieved June 2，2012.

[5] 资料来源：机构网站，www.intesansanpaolo.com，Retrieved June 2，2012.

[6] 资料来源：意米银行的机构介绍.

[7] Murex 平台是由法国公司 Murex 有限公司开发，用于投资银行、企业资金管理、资产经理和对冲基金。Murex 平台 MXG2000 是专门为意大利联合商业银行集团定制的。它使银行

能够将复杂的结构性产品（例如，金融工具）迅速投向市场，并同时控制风险。归功于 Murex，意米银行在过去一年引入了新的功能，包括实时信用风险引擎，以及将新的结构性产品迅速纳入风险框架的能力。

［8］作者对意大利联合商业银行集团介绍进行改编。

［9］资源清理技术试图通过重新分配系统其他部分的资源从而实现满足系统某一部分的瞬态资源短缺。

［10］作者对意大利联合商业银行集团介绍中的图表进行改编。

［11］作者对意大利联合商业银行集团介绍中的图表进行改编。

［12］作者对银行介绍中的图表进行改编。

［13］作者对银行介绍中的图表进行改编。

［14］作者对银行介绍中的图表进行改编。为了保密，图中没有标注确切数字。

［15］Curcuruto，P. L.（2012）"Cloud e Sistema Bancario，" Cloud Summit 2012，The Innovation Group，Milan，Italy，March 23，http：//www.youtube.com/watch？v=JiOuyqLTel，Retrieved May 6，2012.

缩略语表

ABI	意大利银行协会
AICPA	美国注册会计师协会
AWS	亚马逊网络服务
B2B	企业对企业
BI	商业智能
BIAN	银行业架构网络
BPaaS	业务流程即服务
BPM	业务流程管理
BSC	平衡计分卡
CaaS	云即服务
CAAT	计算机辅助审计技术
Capex	资本支出
CCTV	闭路电视
CIPA	银行同业公约问题的自动化
Cloud Arcs	云架构
CM	配置管理
COBIT	信息及相关技术的控制目标
CRM	客户关系管理
CSA	云服务架构或云安全联盟
DaaS	数据即服务
EC2	弹性计算云

ECM	企业内容管理
EMEA	欧洲、中东和非洲
ERP	企业资源计划
ETS	欧盟条约
EU	欧盟
FedRAMP	联邦风险与授权管理计划
FISMA	联邦信息安全法案
FY	财政年
GDP	国内生产总值
GL	总账
HR	人力资源
IaaS	基础设施即服务
ICT	信息与通信技术
IP	网络协议
IPO	首次公开募股
IPsec	网络安全协议
ISO	国际标准化组织
ITIL	信息技术架构库
ITSM	ICT 服务管理
KPI	关键绩效指标
KPO	知识处理外包
KRI	关键风险指标
KYC	了解你的客户
MIPS	无内部互锁流水级的微处理器
MSA	总服务协议
NIST	国家标准技术研究院
Opex	运营支出
OS	操作系统

OTP	一次性密码
PaaS	平台即服务
PC	个人电脑
PDCA	计划—实施—检查—处理
PIN	个人识别码
POC	概念验证
PSD	付款服务指令
QoS	服务质量
RAD	快速应用程序开发
RMD	风险管理部
ROI	投资回报率
RSS	简易信息聚合
SaaS	软件即服务
SDLC	软件开发生命周期
SLA	服务水平协议
SME	中小型企业
SOA	服务导向架构
SOX	《萨班斯—奥克斯利法案》
SSAE	《鉴证业务准则公告》
STP	直通式交易
SWIFT	环球银行金融电信协会
TP	交易处理
UCC	统一协作和通信
UK	英国
US	美国
VM	虚拟机
VoIP	网络电话
VPC	虚拟私有云
WAN	广域网

参考文献

——(2009) "Cloud computing: clash of the clouds," The Economist, October 15, http: //www.economist.com/node/14637206, Retrieved January 15, 2013.

——(2011) "Il mercato dei pagarnenti italiano e le opportunità offerte dal nuovo decennio," BancaMatica, April, pp. 50–51.

——(2011) "IT transformation con l'outsourcing," Executive.it, Febraury, pp. 84–85.

——(2011) "L'attualità dell'outsourcing," Aziendabanca, March, pp. 74–79.

——(2011) "Ripensare il modello di gestione," Banca Finanza, March, pp. 64–66.

"Amazon gets SAS 70 Type II audit stamp, but analysts not satisfied." Search-CloudComputing.com. 2009–11–17, Retrieved August 22, 2010.

"FISMA compliance for federal cloud computing on the horizon in 2010." SearchCompliance.corn, Retrieved August 22, 2010.

——(2002) "NIST: FISMA Overview." Csrc.nist.gov, Retrieved April 27, 2012.

——(2011) "I nuovi servizi bancari? Li sviluppa il cliente," BancaForte, August, http: //www.BancaForte.it/articolo/i –nuovi –servizi –bancari –1 i –sviluppa –il –cliente–RB45856k, Retrieved August 11, 2012.

——(2011) "Digital Agenda Italia," e–Gov 2010 Report Italy.

——(2011) "Adoption, approaches and attitudes: the future of cloud computing in the public and private sectors," Redschift Research, http: //www.amd. com/us/ Documents/Cloud –Adoption –Approaches –and –Attitudes –Research –Report. pdf,

Retrieved January 15, 2013.

A. G. (2010) "In partnership con il fornitore," AziendaBanca, August, pp. 38–55.

A. G. (2011) "Il core banking: un rinnovamento strategico," AziendaBanca, March, pp. 34–43.

A.G. (2011) "Un nuovo workflow per il cliente 2.0," AziendaBanca, August, pp. 50.

Anderson, J. Q. and Rainie, L. (2010) The future of cloud computing, Washington, Pew Research Center's, http: //pewinternet.org/Reports/2010/The–future–of–cloud–computing.aspx, Retrieved August 12, 2012.

Armbrust, M. (2009)" Above the clouds: a Berkeley view of cloud computing, February 10, http: //www.eecs.berkeley.edu/Pubs/TechRpts/2009/EECS –2009 –28.html, Retrieved August 12, 2012.

Arora, P. et al. (2011) To the Cloud: Cloud Powering an Enterprise, McGraw-Hill, New York, NY. USA.

Attanasio, S. (2010) "ICT spendere," BancaForte, July/August, p. 36.

Aymerich, F. M., Fenu, G., and Surcis, S. (2008) "An approach to a cloud computing network," First International Conference on the Applications of Digital Information and Web Technologies, August 4–6, pp. 113–118.

Bentlon, D. and Negm, W. (2010) Banking on the Cloud, Accenture http: //www.accenture.com/us –en/Pages/insight –cloud –computing –banking –summary.aspx, Retrieved May 26, 2011.

Bonaretti, M. (2011) Governare la rete: dalle parole ai fatti, Edizioni Forum PA–Collana Materiali, Giu.

Bucci, P. (2010) "La spesa ICT nelle Banche," Data Manager, October, pp. 150–158.

Buyya, R., Broberg, J., and Goschinki, M. (2011) Cloud Computing: Principles and Paradigms, Wiley, Hoboken, NJ, USA, p. 664.

Buyya, R., Yeo, C. S., Venugopal, S., Broberg, J., and Brandic, I. (2009) "Cloud computing and emerging IT platforms: Vision, hype, and reality for delivering computing as the fifth utility," Future Generation Computer Systems, June, 25 (6).

Campidoglio, E. (2011) "Una firma garantita dall'identità biometrica," BancaMatica, April, pp. 88–90.

Cavallini, M. (2011) "II [2011] cloud security: una sfida per il futuro," Quaderni Consip, Ministero Economia e Finanze, Roma, Italy.

Cerruti, C., Pacini, V., and Piga, G. (2008) "L'esternalizzazione dei processi gestionali," Il Sole24Ore, Milano, Italy.

Chiacchierini, E. (2003) Tecnologia and Produzione, Edizioni Kappa, Roma, Italy.

Choo, K. R. (2011) "Cloud computing risks," Information Age, January – Febraury.

Chorafas, D. N. (2011) Cloud Computing Strategies, CRC Press Taylor and Francis Group.

Chou, T. (2010) Introduction to Cloud Computing: Business and Technology, Kindle Edition.

Chrissis, M. B., Konrad, M. D., and Shrum, S. (2011) "CMMI for development: guidelines for process integration and product improvement," 3rd Edition, Addison-Wesley Professional, Boston, MA, USA.

CIPA and ABI (2010) Indagine sull'utilizzo dell'ICT in gruppi bancari europei con articolazione internazionale, http: //www.abi.it/doc/129225836259095_g_servizi_1. pdf, Retrieved August 25, 2011.

CIPA e ABI (2011) Rilevazione dello stato dell'automazione del sistema creditizio, May, Roma, Italy, http: //www.cipa.it/docs/rileva/eserlO/Pubblicazione_Rilevazione_economica_2010.pdf, Retrieved July 25, 2011.

CIPA, Segreteria della Convenzione Interbancaria per i Problemi dell'Au-

tomazione（2011）Piano delle attività in materia di automazione interbancaria e sistema dei pagamenti. Periodo 1.1.2011 –30.6.2012, http：//www.cipa.it/attivita/piano2011.pdf, Retrieved August 25, 2011.

Cloud Computing. Strategic considerations for banking and financial institutions （2010）"White paper, Tata Consulting Services，" http：//www.tcs.com/resources/white papers/Pages/Cloud–Computing–Strategic–Considerations–for–Banking–and–Financial–Institutions.aspx, Retrieved July 13, 2011.

De Ferrari, F.（2010）Outsourcing Strategico. Flessibilizzare I'IT Senza Perdere il Controllo, ZeroUno, Milano, Italy, 2 December, http：//www.zerounoweb.it/index.php?option =com_contentandtask =viewandid =4574andItemid =192 Retrieved July 7, 2011.

De Piano, L.（2010）"L'evoluzione dell'outsourcing，" Data Manager, May, pp.114–124.

EMC2, The Cloud Dividend：Part Two. The economic benefits of cloud computing to business and the wider EMEA economy. Comparative analysis of the impact on aggregated industry sectors, February 2011, Centre for Economics and Business Research, http：//www.globbtv.com/microsite/35/Adjuntos/CLOUD –DIVIDEND –REPORT.PDF, Retrieved August 12, 2012.

ENISA（2009）Cloud ComputingRiskAssessment, http：//www.enisa.europa.eu/activities/risk –management/files/deliverables/cloud –computing –risk –assessment, Retrieved January 15, 2013.

ENISA（2011）Security and Resilience in Governmental Cloud, http：//www.enisa.europa.eu/activities/risk –management/emerging –and –future –risk/deliverables/security–and–resilience–in–governmental–clouds, Retrieved January 15, 2013.

Europe's Digital Competitiveness Report（Annual Report 2009）.

Fingar, P.（2009）Dot Cloud：The 21st Century Business Platform Built on Cloud Computing, Meghan–Kiffer Press, Tampa, F1, USA.

Fondati, P.（2011）"Tecnologie in banca：ecco le priorità per il 2011，" Il

Sole 24 Ore, March 24, http: //www.ilsole24ore.com/art/tecnologie/2011 –03 –24/ tecnologie –banca –ecco –priorita –175832.shtml?uuid =AaBunEJD, Retrieved August 21, 2011.

Fountain, J. E. (2001) Building the Virtual State: Information Technology and Institutional Change, The Brookings Institute, Washington, DC, USA.

G. R. (2011) "Il risk management e la sfida di Basilea 3," Azienda Banca, May, pp.62–67.

Gray, P. (2006) Manager's Guide to Making Decisions about Information Systems, Wiley, Hoboken, NJ, USA.

Harms, R. and Yamartino, M. (2010) L'economia della Cloud, November, White paper Microsoft, http: //download.microsoft.com/download/1/F/6/.../Economi-a_Cloud.pdf.

Henderson, J. C. and Venkatraman, N. (1999) "Strategic alignment: leveraging information technology for transforming organisations, IBM Systems Journal, 38 (2–3), pp. 472–484.

Hume, D. et al. (2012) Report of the Cloud Computing Working Group, The Law Society of British Columbia.

IBM (2011) The Essential CIO. Banking Industry highlights, white paper, May, http: //www –935.ibm.com/services/c –suite/cio/study.html, Retrieved May 1, 2012.

Jaeger, P., Lin, J., and Grimes, J. (2008) "Cloud computing and information policy: computing in a policy cloud?" Journal of Information Technology and Politics, 5 (3).

Johnston, E. (2010) Governance infrastructure in 2020, December.

Koulopoulos, T. H. (2012) Cloud Surfing, Bibliomotion, Brookline, MA, USA.

Kundra, V. (2010) State of Public Sector Cloud Computing, May 20.

Kundra, V. (2011) Federal Cloud Computing Strategy, Febraury 8.

Linthicum, D. S. (2009) Cloud Computing and SOA Convergence in Your Enterprise: A Step-by-Step Guide, Addison-Wesley, Boston, MA, USA.

M. S. (2011) "Obbligati ad innovare," Azienda Banca, May, pp. 50-51.

McKinsey and Co., (2011) "The state of global banking –in search of a sustainable model," McKinsey Annual Review on the banking industry, http: //www. mckinsey.com/clientservice/Financial_Services/Knowledge_Highlights/Recent_ Reports/ ~/media/Reports/Financial_Services/McKGlobalBanking.ashx, September.

Menken, I. (2008) Cloud Computing –The Complete Cornerstone Guide to Cloud Computing Best Practices Concepts, Terms, and Techniques for Successfully Planning, Implementing...Enterprise IT Cloud Computing Technology. Emereo Pty Ltd., Newstead, Australia.

Mille, M. (2008) Cloud Computing: Web-Based Applications That Change the Way You Work and Collaborate Online, Que, Indianapolis, IN, USA.

Mulholland, A., Pyke, J., and Fingar, P. (2010) Enterprise Cloud Computing: A strategy Guide for Business and Technology Leaders, Meghan-Kiffer Press, Tampa, FL, USA.

Nicoletti, B. (2009) Review of "Building a Global Bank," Edited by Mauro F. Guillàn and Adrian Tschoegl, www.academici.com, January 11.

Nicoletti, B. (2009) Review of "Global Networks," Edited by R. J. Holton, www.academici.com, July 21.

Nicoletti, B. (2010) Gli strumenti del Lean and Digitize, FrancoAngeli, Milano, Italy.

Nicoletti, B. (2010) La metodologia del Lean and Digitize, FrancoAngeli, Milano, Italy.

Nicoletti, B. (2010) "Lean and digitize project management," 24th IPMA World Congress, Istanbul, Turkey, November.

Nicoletti, B. (2011) "Applicare il Lean and Digitize nei servizi finanziari," Bancamatica, January/February, pp. 12-14.

Nicoletti, B. (2011) "E-Procurement e aziende di servizi," Procurement Channel, Gen.

Nicoletti, B. (2011) "E-Collaboration e Procurement," Procurement Channel, Giu., anno 9, 2: 13.

NIST (2009) The Nist Definition of Cloud Computing, October, http: //csrc. nist.gov/groups/SNS/cloud-computing/

Obama, B. (2009) Memorandum for the Heads of Executive Departments and Agencies on Transparency and Open Government http: //www.whitehouse.gov/the_ press_office/Transparency_and_Open_Government/, Retrieved August 11, 2012.

O'Donovan, G. (2011) Solvency II, Gower Publishing, Abingdon, UK.

Open Cloud Manifesto (2009) www.opencloudmanifesto.org, Retrieved August 11, 2012.

Overby, E. (2008) "Process virtualization theory and the impact of information technology," Organization Science, 19 (2): 277-291, March-April.

Pajetta, G. (2011) "Cedacri 2.0," Data Manager, May, pp. 26-38.

Peruggini, G. (2010) "Cloud computing: la prospettiva della Banca d'Italia," e-Government e Cloud Computing, October 5, http: //www.digitpa.gov.it/cloud-computing-banca-d%E2%80%99italia, Retrieved August 22, 2011.

Petri, G. (2010) Shedding Light on Cloud Computing, October, CA Technologies, http: //www.ca.com/files/whitepapers/mpe_cloud_primer_0110_226890.pdf Retrieved July 16, 2011.

PWC (2009) The Future of Banks. Returning stability to the banks and the banking system, July, PricewaterhouseCoopers paper http: //www.pwc.com/gx/en/banking-capital-markets/future-of-banking.jhtml, Retrieved August 11, 2012.

Rhoton, J. and Haukioja, R. (2011) Cloud Computing Architected: Solution Design Handbook, Recursive Press, p. 384.

Ristenpart, T. et al. (2009) "Hey, you, get off of my cloud: exploring information leakage in third=party computing clouds," Proceedings of the 6th ACM con-

ference on Computer and communications security—CCS'09, November 9–13, Association for Computing Machinery, Chicago, IL, USA.

Salvatori, M. (2010) "La Banca al fianco degli assicuratori," Azienda Banca, September, pp. 28–32.

Salvi, V. (2011) ATM and Self-Service. Tra customer experience e integrazione di canali, BancaMatica Digital Books, Rome, Italy, http://www.bancamatica.it/digitalbooks.aspx, Retrieved August 11, 2012.

Saunders, A. et al. (2001) Financial Markets and Institutions, a Modern Perspective, McGraw-Hill, New York, NY, USA.

Scott Morrison, K. (2011) "Power of the people, how cloud management will tra~s–form IT," March/April, Information Management SourceMedia Inc.

Scotti, E. (2010) "Le soluzioni Cedacri per la Multicanalità," Bancamatica, March, p. 75

Smith, A. (2011) Cloud Computing: A Briefing for the Business Analyst, Black Circle, Canberra, Australia.

Sotola, R. (2010) "Billing in the cloud: The missing link for cloud providers," Henry Stewart Publications, Journal of Telecommunications Management, September 6, 3 (4): 313–320.

Sterling, D. and Kumar, P. (2011) "Dancing on a cloud: a framework for increasing business agility," Xlibris Corp., Bloomington, IN, USA.

Sun Microsysterns (2009) Introduction to Cloud Computing architecture, White Paper 1st Edition, June, http://sun.systemnews.com/membersonly?pt=%2Farticles%2F137%2F1%2FCloudComputing%2F21938, Retrieved August 11 2012.

Tapscott, D. (1999) "Creating value in the network economy," A Harvard Business School Review, Boston, MA, USA.

Trivedi, K. and Pasley, K. (2012) Cloud Computing Security, Cisco Press, Indianapolis, IN, USA, p. 400.

Vaquero, L. M. (2009) "A break in the clouds: towards a cloud definition,"

Newsletter ACM SIGCOMM Computer Communication Review, 39 (1), January, pp. 50–55.

Wang, L. and Von Laszewski, G. (2010) "Cloud computing: a perspective study," New Generation Computing, April, 28 (2), pp. 137–146.

Weinman, J. (2012) Cloudnomics, Wiley, Hoboken, NJ, USA, p. 400.

White Paper from Thought Leadership (2010) Definire un framework per l' adozione del cloud, IBM Global Technology Services, http: //www05.ibm.com/it/ser-vices/cloud/definire un_framework_per 1 adozione_del_cloud.pdf Retrieved 9/08/ 2011, Retrieved August 11, 2012.

Williams, B. (2012) The Economics of Cloud Computing, Cisco Press, Indi-napolis, IN, USA.

Winkler, V. (2011) Securing the Cloud: Cloud Computer Security Techniques and Tactics. Elsevier, Waltham, MA, USA, p. 60.